**rowohlts
monographien
herausgegeben
von
Kurt und Beate Kusenberg**

Gustaf Gründgens

in Selbstzeugnissen
und Bilddokumenten
dargestellt von
Heinrich Goertz

Rowohlt

Dieser Band wurde eigens für «rowohlts monographien» geschrieben
Den Anhang besorgte der Autor
Herausgeber: Kurt und Beate Kusenberg
Assistenz: Erika Ahlers
Schlußredaktion: K. A. Eberle
Umschlagentwurf: Werner Rebhuhn
Vorderseite: 1930 in Berlin (Aus: Gründgens, Schauspieler,
Regisseur, Theaterleiter, Hannover 1963)
Rückseite: Gründgens als Mephisto (Foto: Rosemarie Clausen)

Veröffentlicht im Rowohlt Taschenbuch Verlag GmbH,
Reinbek bei Hamburg, Dezember 1982
Copyright © 1982 by Rowohlt Taschenbuch Verlag GmbH,
Reinbek bei Hamburg
Alle Rechte an dieser Ausgabe vorbehalten
Satz Times (Linotron 404)
Gesamtherstellung Clausen & Bosse, Leck
Printed in Germany
780-ISBN 3 499 50315 8

11.–14. Tausend April 1983

Inhalt

Einleitung   7

Herkunft – Lehrjahre – Anfänge   12

Berlin 1928–1932   26

Intendant – Staatsrat – Generalintendant   37

   Die Ernennung   37

   Der Intendant   43

   Der Regisseur   48

   Hamlet und die Schauspielkunst   61

   Jürgen Fehling   67

   Eine Insel auf dem Gendarmenmarkt   73

   Filme   88

   Der Fall Ernst Busch   91

   Wachtmeister Gründgens   94

In sowjetischen Lagern, auf sowjetischen Bühnen   105

Die letzten Stationen   113

   Düsseldorf 1947–1955   113

   Hamburg 1955–1963   127

   1963: Weltreise – bis Manila   137

Anmerkungen   140

Zeittafel   144

Zeugnisse   149

Bibliographie   152

Namenregister   155

Über den Autor   158

Quellennachweis der Abbildungen   158

Einleitung

«Die ganze Welt ist Bühne, / Und alle Fraun und Männer bloße Spieler.»[1]* Für Shakespeare war das ein Gleichnis. Für Gründgens Wirklichkeit. Wer in Gustaf Gründgens nur den Schauspieler sieht, den Regisseur oder den Theaterleiter zusammen, kann schwerlich zu einer wirklichkeitsgerechten Einschätzung dieser umstrittenen Persönlichkeit kommen. Gründgens war Organisator, Spielleiter und Hauptdarsteller seiner eigenen Welt, der Gründgens-Welt mit vielen Verbindungsfäden rund um den Erdball. Überall Fans, Förderer, Anbeter, Beamte in hohen Stellungen, aber auch Gegner, Widersacher. Salvador Dalí, der Maler und Propagandist seinerselbst, trieb das Exzentrische, die Ein-Mann-Show gelegentlich auf die Spitze. Soweit zu gehen hatte Gründgens nicht nötig. Er hatte die Bühne, sein Ensemble, seine Helfer, sein Publikum. Dalí mußte sich für seine Auftritte die Bühne selbst schaffen. Gründgens fand die gewünschten Einrichtungen vor. Der Bochumer Intendant Saladin Schmitt (1883–1953) äußerte einmal, er schätze Gründgens, weil er das Bestmögliche aus dem Material Gründgens herausgeholt habe. Welchen Wert dieses Bestmögliche in seinen Augen hatte, verschwieg Schmitt. Gründgens, der Allroundtheatermann, hat viele Bühnenkünstler in seine Welt einbezogen, und nicht wenige verdankten ihm entscheidende Impulse in ihrer Entwicklung. So wie Dalí ein großer Maler, war Gründgens ein großer Theatermann, der nicht nur Theater für sich machte, sondern auch Theater an sich, für alle. Und wer seine Haltung und Arbeit in den Jahren seiner Berliner Intendanz während der nationalsozialistischen Schreckensherrschaft kennt, kommt nicht umhin, den als selbstgefälligen Beau und gefallsüchtigen Karrieristen verschrienen Gustaf Gründgens einen Helden zu nennen, einen Helden freilich mit Schwächen, denn nicht immer konnte es einer derart im Mittelpunkt stehenden Persönlichkeit gelingen, sich den Machenschaften des totalitären Regimes zu entziehen.

Sein Hang zur Selbstdarstellung wäre unerträglich gewesen, wäre er nicht ein Künstler von großem Können, beglückend üppiger Phantasie, mit stets wacher Intelligenz, von hoher Gesinnung gewesen, eine kämpferische Natur, hochempfindlich, aber nie klein beigebend, leicht verletzlich, niemals wehleidig. So wie an Bilddokumenten ist auch an Selbst-

---

* Die hochgestellten Ziffern verweisen auf die Anmerkungen S. 140 f.

zeugnissen kein Mangel – wenn diese vornehmlich auch nur einen Teil, die positive Seite dieser zersplitterten, mit sich zerstrittenen Persönlichkeit widerspiegeln. Selbstzufriedenheit und Verzweiflung wohnten dicht beieinander. Hybris (auf Grund triumphaler Erfolge) und Unsicherheit (wenn er sich auf Gebiete wagte, die ihm nicht zukamen) wechselten in schneller Folge. Bei allem Geglitzer, Goldstaub und Startum, er war Theatermann genug, um zu wissen, daß er nicht allein spielen konnte. 1956 schrieb er einem Schauspieler seines Ensembles: *Bis jetzt habe ich es immer für meine beste Seite gehalten, daß neben, ja über mir die reichsten Kräfte des deutschen Theaters zum Blühen kommen.*[2]

Als Schauspieler fühle ich mich – Schauspieler ist auch die Berufsbezeichnung, die in meinem Paß steht.[3] Alles andere sei hinzugekommen. Aber Gründgens war immer Schauspieler, auch außerhalb des Bühnengeschehens. Und für viele spielte er im Leben effektvoller, authentischer. Wo er war, war Theater, und das von hoher Qualität. Er selbst hatte nichts dagegen, für einen (Lebens-)Spieler gehalten zu werden. Er fand diese (Lebens-)Rolle sogar recht amüsant, diplomatisch, doppelsinnig, hintergründig. Und er spielte stets von oben, als Herr, Herr der Lage. Sein Leben war acting, ein immerwährendes Spiel, wobei er Partner einbezog. Leben und Theater flossen ineinander über. Er führte den Bürgern, den eingeengten, geduckten, gepreßten, ein abenteuerliches Leben vor. Ein Mann mit Anziehungskraft gleichermaßen auf Frauen wie auf Männer, mit einer persönlichen, privaten Ausstrahlung und einer vibrierenden Intensität der Auftritte im Leben wie auf der Bühne, ein solch präsenter Mann ist stets ein Opfer von Gerüchten. Über keinen Künstler wurde mehr gesprochen als über ihn, und das bis heute. Aber je interessanter sein Leben und Wirken war, um so üppiger wuchs der Kranz von Legenden. Die wirkliche Gestalt versank darin. *Ich denke mir manchmal, wenn ich meiner Fama auf der Straße begegnen würde, ich würde mich selbst nicht erkennen. Und dieser ständige Spagat zwischen Fama und Realität verschlingt viele Kräfte.*[4] Die meisten Menschen brauchen Leitfiguren, zu denen sie aufschauen können, die ihnen Halt geben. Um Gründgens bildete sich ein solcher Kult. Auch prominente Kritiker und intelligente, selbstbewußte Theaterfreunde gingen in die Knie, wenn sie ihm begegneten. Sie erlagen seiner Faszination. Und sie ließen sich gern verzaubern. Es war ein Erlebnis, ihm zu begegnen. Sein acting war ja keineswegs verlogen. Die permanente Aufgedrehtheit entsprach seinem Wesen. Hinter jeder seiner Gesten stand die ganze Person: eine durchaus poetische Erscheinung, bei der man sich normal-menschliche Regungen und Reaktionen zunächst schwer vorstellen konnte. Sprache, Ausdrucksweise, Gesten, sein Gang mit kurzen, steifen, schnellen Schritten, alles wirkte artifiziell, zierig, wie erfunden, ausgedacht, konstruiert. Stimme, Mimik, Gesten schienen einzeln eingeübt und ausprobiert und dann aufs glücklichste zusammengesetzt worden zu sein. Wenn Brechts Mutter von ihrem Sohn Bertolt gesagt hat: «Ein völlig anderer Mensch als wir»[5], so hätte das auch Gründgens' Mutter von ihrem Sohn Gustaf behaupten können.

Zu jeder seiner Eigenschaften fällt einem zugleich eine gegenteilige ein. Dieser Lebensschauspieler, der angeblich einzig und allein seinem eigenen Ruhm nachstrebte, setzte sich, aufgefordert oder nicht, für seine Schauspieler-Kollegen, für sein Ensemble, für die Mitglieder seines Hauses und deren Angehörige, für Freunde und Bekannte ein, und während der Nazidiktatur riskierte er immer wieder Kopf und Kragen. *Ich mag viele Fehler haben – Mangel an Zivilcourage gehört nicht zu ihnen.*[6]

Von Trotzki hieß es, er würde sich für die Revolution öffentlich hinrichten lassen, vorausgesetzt, es kämen genügend Zuschauer. So schlimm war es mit Gründgens nicht. Er hat auch im stillen gewirkt. Danach aber mußte es bekannt werden. Das war mitunter von Wichtigkeit auch für die Sache. Auf der politischen Bühne, als Diplomat, hätte er, ein zweiter Talleyrand, die gleichen Triumphe gefeiert.

Beim Versuch einer Charakterisierung darf die feminine Komponente nicht verschwiegen werden. Das Hingegossene, Schmachtende, Kokettierende wurde gestützt von einer bei aller Nervigkeit robusten Natur und einem zielbewußten Willen. 1925 bis 1928 war Gründgens mit Thomas Manns Tochter Erika und 1936 bis 1946 mit Marianne Hoppe verheiratet. Auch Oscar Wilde und André Gide hatten Ehefrauen. Zu den inneren Spannungen kam die äußere Gefährdung, besonders in der Nazizeit. Homosexuelle verschwanden hinter elektrisch geladenen KZ-Zäunen. Trotz seiner Betriebsamkeit und der vielen sogenannten und wirklichen Freunde, Gustaf Gründgens litt an Einsamkeit. Die jungen Freunde und Schwärmer, die er an sich zog, waren keine Lebensgefährten, nicht einmal Gesprächspartner, einige suchten ihn zu erpressen. Er ließ das durch Anwälte regeln. In Gründgens' Briefen kommt das Wort Mann in Beziehung zu sich selbst auffallend oft vor. Sie werden *einen gelassenen und sachlichen Mann antreffen*[7], verspricht er einem Verhandlungspartner. Er sei *nicht der richtige Mann*[8] für das Projekt, erklärt er einem anderen. Später freute er sich, daß *Hamburg nicht bereit war, einen neuen Mann nur auf den Glanz seines Namens hin zu akzeptieren*[9]. Solche Briefstellen gibt es sehr viele.

Die Kompliziertheiten wurden von einem sachlich arbeitenden Verstand zusammengehalten. Er rechnete nur mit dem kleinen Einmaleins. Er meinte, seit er begriffen habe, daß 2×2 gleich 4 sei, könne ihm nichts mehr mißlingen. Überkandideltes, Gags um ihrer selbst willen, Effekte im Dienste der Regisseure und nicht des Werks lehnte er als theaterfremd, theaterzerstörend ab. Schwülstiges, Aufgedunsenes, Ungefähres haßte er. Was nicht jedermann verständlich war, gehörte nicht auf die Bühne, nicht auf seine Bühne.

Er wußte seine Anschauungen hervorragend auszudrücken, schriftlich und mündlich. Seine Sprechweise war von äußerster Prononziertheit und steigerte sich auf der Bühne zum souveränen Gebrauch aller nur möglichen phonetischen Mittel. Mit gurrenden, girrenden Zwischentönen, die langgezogenen Vokale wie bei den Blues Notes der Jazzer oft gar nicht auf einen bestimmten Ton festgelegt, sondern umherirrend, mit Viertel- und Achteltönen arbeitend, sang oft die Stimme mehr als daß sie sprach. Dann wieder, urplötzlich, sprang sie ins Metallisch-Schneidende um. Diese Manieriertheit, an Alexander Moissi und Elisabeth Bergner erinnernd, war aber durchaus selbständig, eigener Stil. Auch in der persönlichen Unterhaltung hatte sein Sprechstil etwas Aufgesetztes, übertrieben Akzentuierendes, Beschwörendes, als habe er Angst, nicht verstanden und anerkannt zu werden, nicht überzeugen zu können. Dazu kam ein breites, die Zähne entblößendes Lächeln, ein «aasiges Lächeln», wie Klaus Mann es in seinem Roman «Mephisto» aus eigener Anschauung mehrmals beschrieben hat und wie wir es auch auf Privatfotos wiederfinden.

Es war ja auch immer ein Hauch von Hochstapelei um ihn, von Glücksspiel, heiligem Dilettantismus, Hochseilakt. Morgen schon konnte alles zu Ende sein, entlarvt. Als 1932 der Generalintendant der Preußischen Staatstheater Heinz Tietjen mit ihm einen Vertrag über die Inszenierungen von «Faust» I und II abschloß und ihn fragte, ob er im zweiten Teil die «Klassische Walpurgisnacht» spielen oder streichen werde, geriet Gründgens in Verlegenheit. Er kannte «Faust» II noch gar nicht. Mit dem «Vorspiel auf dem Theater» beschäftigte er sich erst, als er «Faust» I schon zweimal inszeniert und den Mephisto schon zweihundertmal gespielt hatte. Aber eben diese Abenteuerlichkeiten, diese flirrende Aura, machten einen Teil seiner Faszination aus. Er war der Typ der Zeit, zwiegeschlechtlich, Hasardeur vor makaberem Hintergrund, gebrochener Charakter, etwas anrüchig, undurchsichtig, dazu mit höchsten Ansprüchen an sich selbst, künstlerisch wie menschlich. Wer ihn so sieht, derart vielseitig, facettenreich, wird in ihm alsbald einen der interessantesten Menschen des 20. Jahrhunderts erkennen. Er selbst war sich des Sensationellen, das seiner Person anhaftete, bewußt. Er strebte es an, gestaltete es aus, litt darunter und genoß es. *Ich wollte,* schrieb er 1961 an Lawrence Durrell, *schon immer gern mal den Goetheschen Faust spielen statt des Mephisto, aber die Sensation, die das bedeuten würde, würde den künstlerischen Ernst meiner Absichten bei weitem übersteigen.*[10] Zum Schluß war er ein Opfer seiner Legende geworden. Die Gründgens-Welt brach in sich zusammen. Die Fama hatte ihn besiegt.

Immerzu sich verströmend, mit Verantwortung belastet, dazu umlauert, in Frage gestellt, angefeindet, das alles strapazierte, rieb auf. Im Alter wurde auch das Lebens-Schauspiel, das er darbot, schwächer, dezenter. Er war da schon sehr krank, pendelte fast ausschließlich zwischen Theater und Wohnung, riß sich für Inszenierungen und Rollen zusammen, machte jährlich zweimal ausgedehnten Urlaub, Theaterferien und Aufenthalte in Sanatorien nicht eingerechnet. Immerhin, seine Produktivität ließ kaum nach, und bis zu seinem 64. Lebensjahr hielt er durch, wenn auch unter Schmerzen, zwischen Migräneanfällen, schlaflosen Nächten, Nervenzusammenbrüchen und Schönheitsoperationen, unter Zuhilfenahme von Beruhigungsmitteln und Morphium. Die Geschichte seines Wirkens müßte mit einer Geschichte seiner Krankheiten einhergehen.

Die zehn Jahre Staatstheater während der nationalsozialistischen Herrschaft waren Gründgens' große Zeit – Zeit seiner menschlichen und künstlerischen Bewährung. Was davor war: Vorbereitung, Einübung.

Was danach kam: letzte Steigerungen, Aufguß, Ausklang. Er selbst setzte mehrmals zu einer Autobiographie an. *Ich will versuchen, diesen zehn Jahren den theatergeschichtlichen Rang zuzuweisen, die sie nach meiner besten Überzeugung verdienen. Das ist ein ganz und gar unpolitisches Vorhaben, das nur den Leistungen gerecht werden will, die zu leugnen heute immer noch etwas Mode ist.*[11] Er hat die Autobiographie nicht geschrieben. Sie wäre naturgemäß sehr subjektiv ausgefallen, durchaus nicht in allen Punkten authentisch. Auch eine Monographie, so gewissenhaft sie sich an das Material hält, wird subjektiv sein. Eine derart widersprüchliche Persönlichkeit verführt zu den verschiedensten Interpretationen. In einem Punkt aber stimmt der Autor mit Gustaf Gründgens ganz gewiß überein: in der Einschätzung eben jener ominösen zehn Jahre.

Herkunft – Lehrjahre – Anfänge

Vom Vater her aus Aachen, von der Mutter her aus Köln stammend, bin ich in Düsseldorf geboren. Fügen wir hinzu: am 22. Dezember 1899 in der Graf-Adolf-Straße.

Beide Familien hatten ihre große Zeit. Die Familie meines Vaters mit holländischem Einschlag ist durch viele Heiraten weit verzweigt und stellte einen großen Teil der rheinischen Industrie. Die Familie meiner Mutter hatte unter anderem einen sehr bekannten Kölner Oberbürgermeister und beherrschte eine Zeitlang die Rheinschiffahrt.

Der Verfall dieser Familien setzte aber bereits vor meiner Geburt ein. Was blieb, war die äußere Fassade, die angeblich gehalten werden mußte, und die mich letzten Endes zwang, schon von meinem fünfundzwanzigsten Lebensjahr ab meine Eltern zu ernähren, eine Tatsache, die sie nicht davon abhielt, eine Siebenzimmerwohnung in der besten Gegend der Stadt zu unterhalten ...[12]

Soweit Gustaf Gründgens in einem autobiographischen Fragment aus dem Jahre 1952. Machen wir es wie er, wenn er Lebensbeschreibungen las: Die Kindheits- und Jugendjahre überschlug er. Es gebe nichts her, wenn wir erführen, in welcher Klasse dieser oder jener sitzengeblieben oder Primus gewesen sei, und auf dem Eisbärfell hätten wir ja alle mal gelegen. Gründgens besuchte das Comenius-Gymnasium in Oberkassel. Juli 1917 wurde er Soldat. Zum Frontdienst mit der Waffe ließ er es nicht kommen. In einem Armeeverordnungsblatt las er, daß zur Gründung eines Fronttheaters schauspielerische Talente benötigt würden. In einem temperamentvollen Gesuch täuschte er Bühnenerfahrung vor und wurde alsbald nach Saarlouis, dem Sitz des Kunstinstituts, in Marsch gesetzt. Seine erste Rolle war ein älterer Gelehrter in Ludwig Fuldas Lustspiel «Jugendfreunde». Als Darsteller nicht ausgelastet, arbeitete er bald auch in der Kanzlei, der kaufmännischen Verwaltung. Angesichts des drohenden militärischen Zusammenbruchs wurde das Theater nach Thale (Harz) verlegt und nach der Revolution in «Bergtheater Thale» umbenannt. Gründgens, zum neuen Leiter befördert, mußte Stücke inszenieren und, wichtiger noch, Tanzvergnügen veranstalten. Und er kümmerte sich um alles. Ging zwischen den Tänzen mit einem Hut umher und sammelte für die Kapelle – und bot *im Hotel «Ritter Bodo» im Rahmen eines etwas hochgestapelten Vortragsabends die drei ersten Szenen des Mephisto*[13] dar. Der ganze Gründgens trat schon in Erscheinung: als Organisator, Regisseur, Protagonist.

Mit Mutter und Schwester Marita

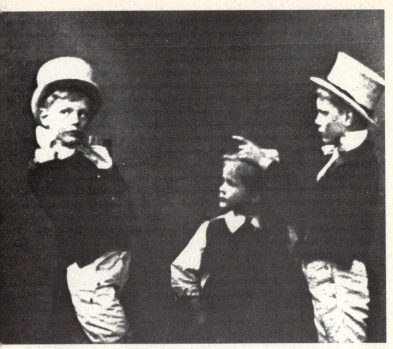
Mit Marita und Spielgefährten kostümiert, 1904

Nach der Auflösung des Unternehmens war er Stipendiat der Düsseldorfer Theaterakademie, deren Leiter die Direktoren des Schauspielhauses waren: Louise Dumont (1862–1932) und Gustav Lindemann (1872–1960). Nicht so sehr der Unterricht selbst als der künstlerische Ernst und die Aura der Schauspielerin Dumont und des Regisseurs Lindemann waren der Gewinn des Ausbildungsjahres. Ihr Berufsethos übertrug sich auf den Schüler. Gründgens dachte stets mit Dankbarkeit an sie zurück. Im Abgangszeugnis wurde ihm ein «ungewöhnliches Talent für die sinnfällige Ausformung der seelischen Struktur problematischer Naturen» bestätigt. Ein Teil des Unterrichts vollzog sich auf Bühnenproben. Die Schüler wurden als Statisten, Chorsprecher und aushilfsweise in kleinen und mittleren Rollen eingesetzt. Gründgens spielte in einigen Vorstellungen den Kalb in «Kabale und Liebe» und den Riccaut in «Minna von Barnhelm». «Bei einem ungestörten Lauf der Entwicklung dürfte der Gestaltungskraft des Herrn Gründgens das ganze Gebiet komplizierter Charakterrollen in der klassischen dramatischen Literatur offenstehen»[14], wurde ihm bescheinigt. Zu Lindemanns 80. Geburtstag am 24. August 1952 schrieb er ihm: *Ich bin von Eurer Hand geformt, und ich kenne sie gut, diese Hän-*

de, die mich geschüttelt haben. Sie lehrten mich zwei Dinge: Ehrfurcht vor unserem Beruf und die Tatsache, daß Kunst nur auf dem Boden der Wahrheit und der Wirklichkeit gedeihen kann.[15]

Von einem «ungestörten Lauf der Entwicklung» konnte indes keine Rede sein. In seinem ersten Engagement, 1920/21 in Halberstadt, wurde er als Notnagel verschlissen. Er spielte ausschließlich alte Männer, zum Beispiel in «Maria Stuart» nicht den Mortimer, sondern den Paulet. In 24 Inszenierungen beschäftigt und doch nicht ausgelastet, fand er Zeit, Veranstaltungen des vaterländischen Frauenvereins zu betreuen. Der Halberstädter Intendant wußte nichts mit ihm anzufangen. «Sie engagiere ich erst wieder, wenn Sie ein dicker Komiker geworden sind.»[16] Damit entließ er ihn.

In Kiel, 1921/22, erging es ihm besser. Der Intendant, Dr. Max Alberti, besetzte die Stücke nicht nach Fächern – Naive, komische Alte, Père noble, jugendlicher Held –, sondern nach Individualität, Charakter. Zwar spielte Gründgens als erste Rolle in Hauptmanns «Versunkener Glocke» einen Waldschrat, dann aber kam er mit Marinelli in «Emilia Galotti», Geßler in «Wilhelm Tell», Weislingen in «Götz von Berlichingen», Leicester in «Maria Stuart» und Oswald in Ibsens «Gespenstern» zum Zuge, und Ostern 1922 mußte er für einen erkrankten Darsteller kurzfristig den Mephisto in «Faust» I übernehmen. Max Alberti *ließ mich in den Jahren die ganze Literatur rauf und runter spielen*[17]. Nach anderthalb Spielzeiten,

Mit Mutter und Schwester, 1914

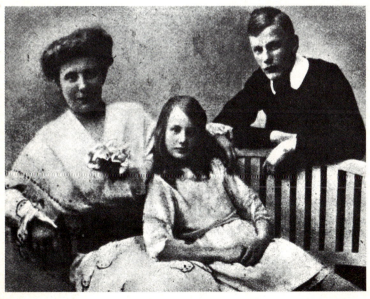

Vortragsabend

von

Gustav Gründgens

Mitgl. der Volksbühne Saarbrücken

unter Mitwirkung

von Herrn Kapellmeister G. Klette
(Geige).

Dienstag, den 18. Februar 1919
abends 8 Uhr
im Saale des Hotels Ritter Bodo

Die Haus=Ordnung (Theatergesetze) des „Schauspielhauses" gelesen und anerkannt zu haben, bestätige ich hiermit durch eigenhändige Unterschrift.

D'dorf den 29ten Mai 1919.

G. Gründgens

1919

Herbst 1922, ging Gründgens mit Alberti und dem Kieler Regisseur Clemens Schuberth nach Berlin.

Im Theater in der Kommandantenstraße wollten sie ihren Traum von einer modernen literarischen Bühne verwirklichen, und es kam auch zu der Inszenierung des expressionistischen Stückes «Schrei aus der Straße» von Rolf Lauckner, in dem Gustaf Gründgens einen Nuditätenhändler verkörperte. Er wohnte für monatlich 1000 Mark (Heizung extra) als möblierter Herr in der Augsburger Straße nahe Kurfürstendamm und schrieb an seine Eltern: *Berlin ist eine unbarmherzige, kalte, grausame Stadt; aber trotz allem faszinierend.*[18] Gründgens waren viele Rollen, unter anderen der Schneider Wibbel in der gleichnamigen klassischen Düsseldorfer Lokalposse, versprochen worden, aber das Unternehmen brach nach wenigen Premieren zusammen.

**HOCHSCHULE FÜR
BÜHNENKUNST
DÜSSELDORF**

Düsseldorf, den 28.Mai 1920

Herr Gustav Gründgens, Schüler der Hochschule für Bühnenkunst in Düsseldorf besitzt ein ungewöhnliches Talent für die sinnfällige Ausformung der seelischen Struktur problematischer Naturen; seine starken Ausdrucksmittel sind mit energischem Willen gepaart und gut diszipliniert. Das nervöse Temperament, das der leisesten Anregung folgt weisst zunächst auf erfolgreiche Gestaltungen aus der modernen Literatur, ohne Beschränkung auf die Verkörperung nur jugendlicher Personen. Bei einem ungestörten Verlauf der Entwicklung dürfte der Gestaltungskraft Herrn Gründgens das ganze Gebiet kompliziertester Charakterrollen in der klassischen dramatischen Literatur offen stehen.

... und dann kam ich eben zu dem Mann, dem ich bis heute und bis an mein Lebensende tief freundschaftlich verbunden sein werde, zu Erich Ziegel und zu seiner Frau Mirjam Horwitz in Hamburg, die mich wirklich ... also ... gepflegt haben und lange gesucht haben, wo eigentlich das Eigentliche, das Persönliche von mir ist, und das sie eben auch freigelegt haben.[19] So Gründgens in einem Interview mit Werner Höfer 1949. Und 1950 in seinem Nachruf auf Erich Ziegel: *Als er mich nach 3 wenig sinnvollen Theaterjahren aufspürte, war für mich die Autorität gefunden, die der junge Schauspieler, gerade wenn er wie ich verwöhnt von einer guten Schule kommt, so dringend braucht.*[20] Immer wieder kam er auf Ziegel zurück. Auch in seiner Rede an die Mitglieder des Deutschen Schauspielhauses in Hamburg am 1. August 1955: *Sie wissen, daß ich fünf unvergeßliche Jahre unter Erich Ziegel gearbeitet habe, dessen Theater mir jetzt noch moderner vorkommen will als manches, was sich heute als zeitgemäß gebärdet. Und wenn die schöpferische Ungeduld unserer Theaterjugend in ihrer produktiven Unzufriedenheit mit den Worten des Baccalaureus spricht: «Das ist der Jugend edelster Beruf: die Welt, sie war nicht, eh' ich sie erschuf!», denke ich an die wildbewegten Zeiten bei Erich Ziegel und antworte mit Mephisto im stillen: «Wenn sich der Most auch ganz absurd gebärdet, es gibt zuletzt doch noch e' Wein.»*[21]

Der Schauspieler und Regisseur Erich Ziegel (1876–1950) hatte in München ein Theaterchen in der Augustenstraße geleitet, ehe er 1918 in Hamburg sein Ziel eines eigenen Hauses mit literarischen Ambitionen und einem jungen Ensemble verwirklichen konnte. Sein Abscheu und Kampf galt der selbstgefälligen Stadttheaterei, dem Erbauungs- und Beruhigungstheater. Seine Hauptautoren waren Wedekind, Sternheim und Strindberg und später Toller, Klabund, Werfel, Brecht und Hans Henny Jahnn. Die durch diesen Spielplan bedingten minderen Einnahmen suchte er mit Unterhaltungsstücken wettzumachen, und er ging dabei bis zu «Charleys Tante», die aber alle so witzig, niveauvoll und originell inszeniert wurden, daß sich niemand über das, worüber er sich amüsiert hatte, später zu schämen brauchte.

Die erste Spielzeit war für Gründgens chaotisch. Fünfzehn Rollen und kein Durchbruch, auch nicht zu sich selbst. Der erfolgte in seinem zweiten Hamburger Jahr, als er ein Stück um seine Person inszenierte: «Kolportage» von Georg Kaiser, Rolle: der falsche Erik. Die Hauptrolle in eigenen Inszenierungen zu spielen wurde eine seiner Lieblingsbeschäftigungen. So spielte er unter anderen den Bluntschli in Shaws «Helden», den Dr. Jura in Bahrs «Konzert», den Leonce in Büchners «Leonce und Lena», den Cäsar in Shaws «Cäsar und Cleopatra». Aber er spielte auch unter der Regie von anderen, so den Hamlet, und vor allem unter der Obhut von Erich Ziegel. Der leise, eher unauffällige, auf innere Wahrhaftigkeit zie-

Als Weislingen in «Götz von Berlichingen», Kiel 1922

Hamburger Kammerspiele, um 1924

Mit Ellen Schwannecke, Hermann Bräuer, Hans Stiebner und Maria Loja in «Oktobertag» von Georg Kaiser, Hamburger Kammerspiele

I. Dienstvertrag.

Zwischen

dem *Hamburger Kammerspielen G m b H*

vertreten durch *Herrn Direktor Erich Ziegel*

und

Herrn, ~~Frau, Fräulein~~ *Gustaf Gründgens*

ist folgender Vertrag abgeschlossen worden:

§ 1

Das Mitglied ist für die Kunstgattung als *Schauspieler und Regisseur*
und für das Kunstfach ~~als~~ *Geschäftsführer im Rahmen des Vorstandes*
für ~~das~~ die *Erich Ziegel-Bühne* ~~Theater~~ in *Hamburg* angestellt.

Die Bezeichnung des Kunstfachs wird durch das in der Anlage bezeichnete Rollengebiet ersetzt — ergänzt.
(Dieser Satz kann auch gestrichen werden, wenn das Kunstfach ausgefüllt wird.)

§ 2.

Der Vertrag beginnt am *1. September 1925*
und endigt am *31. August 1926*

§ 3.

Das Mitglied hat zu beanspruchen:

1. ein Gehalt von monatlich *650.— M.* (in Worten *sechshundertfünfzig* M.)
   jährlich _____ M. (in Worten _____ M.)

2. Ein Spielgeld für jede Vorstellung, in welcher das Mitglied beschäftigt ist, gleichviel ob in einer oder mehreren Rollen im Betrag von _____ M. (in Worten _____ M.)
   Dieses Spielgeld wird monatlich _____ mal, jährlich _____ mal, für die Dauer der Spielzeit _____ mal gewährleistet.

3. Für die Mitwirkung in einer zweiten oder dritten am gleichen Tag stattfindenden Vorstellung eine Vergütung von *50 %* M. *an Tagesgage*

§ 4.

Besondere Vereinbarungen über die Art und den Umfang der Leistungen: _____

Falls "Hamlet" zur Aufführung kommen sollte hat
Herr G. das Recht den "Hamlet" in der Première
zu spielen.

lende Regiestil Ziegels war die erzieherische Ergänzung zu Gründgens' überschäumendem Naturell. Gründgens inszenierte auch Stücke, ohne in ihnen aufzutreten. So Shaws «Androklus und der Löwe» und «Pension Schöller» von Carl Laufs. Schließlich veranstaltete er literarische Lesungen und organisierte Künstlerfeste. Die Theaterwissenschaftlerin Edda Kühlken hält Klaus Manns Roman «Mephisto» (1936) und seinen Lebensbericht «Der Wendepunkt» (1942–52) für wertvolle Quellen. In «Mephisto» beschreibt Klaus Mann Gründgens' alias Höfgens Hamburger Arbeitsweise. «Höfgen arbeitete sechzehn Stunden am Tag und hatte jede Woche mindestens einen Nervenzusammenbruch. Diese Krisen traten stets sehr heftig und in abwechslungsreichen Formen auf. Einmal fiel

Mit Erika Mann, Pamela Wedekind und Klaus Mann in «Anja und Esther» von Klaus Mann, Hamburger Kammerspiele, 1925

Höfgen zur Erde und zuckte stumm; das nächste Mal hingegen blieb er zwar stehen, schrie aber grauenhaft, und dies fünf Minuten lang ohne jegliche Unterbrechung; dann wieder behauptete er auf der Probe, zum Entsetzen aller, er bekomme plötzlich seine Kiefer nicht mehr auseinander, ein Krampf habe eingesetzt, es sei scheußlich, nun könne er nur noch murmeln, und das tat er denn auch.»[22] Wer Gründgens in späteren Jahren auf Proben beobachten konnte, erkennt ihn in Klaus Manns freilich überspitzter Darstellung durchaus wieder. In Berlin gab sich der Regisseur gemäßigter. In Hamburg hatte er sich ausgetobt. Gründgens war nicht nur Regisseur, er spielte zugleich einen Regisseur, einen überbeanspruchten, genialen, obgleich er das gar nicht nötig hatte, er wurde ja anerkannt, geschätzt, er war sehr schnell der Star von Hamburg geworden. Solch ein einfallsreiches, virtuoses, sprühendes, verwandlungsfähiges und pointensicheres Talent hatte es in Hamburg noch nicht gegeben.

Ein einziges Mal in seinem Leben versuchte Gründgens, den Kreis des literarischen Theaters zu durchbrechen, die Gründgens-Welt zu sprengen.

«Presse-Notiz, 10. Juli 1926: Gustaf Gründgens, der Spielleiter der Hamburger Kammerspiele, wird im Winter unter dem Titel ‹Revolutionäres Theater› eine Reihe von Vorstellungen an Sonntagvormittagen in den ‹Hamburger Kammerspielen› veranstalten, an denen neben ersten Darstellern sämtlicher Hamburger Theater auch Mitglieder der Arbeiter- und Jugendverbände mitwirken werden.

Es werden nur solche Dichter aller Nationen zu Wort kommen, deren Schaffen – im strengsten Gegensatz zu der tendenzlosen Gleichgültigkeit der bürgerlichen Theater – den Forderungen unserer Zeit entspricht, die zu dem heutigen Unterhaltungstheater keine Beziehung mehr hat. Die erste Vorstellung wird am 19. September Tollers ‹Masse-Mensch› sein. Die Reihe der Aufführungen wird u. a. mit Werken von Paquet, Rolland, einer modernen Bühnenbearbeitung des Büchnerschen ‹Danton› und einer politischen Revue fortgesetzt.» [23]

Es ist ungewiß, ob Gründgens den Aufruf selbst verfaßt hat. Initiator der politischen Bühne war der Schauspieler Gustav von Wangenheim. Von den angekündigten Matineen kam keine zustande. Gründgens hatte lediglich einer Zeitströmung nachgegeben. Auch war das Theater der Mehrbelastung nicht gewachsen. Im September 1926 wiederholte Erwin Piscator als Gast mit dem Kammerspiel-Ensemble seine Berliner Inszenierung von Paquets Drama «Sturmflut», das, romantisch überhöht, die russische Revolution glorifiziert. Gründgens spielte den Weißgardisten Ssanin. Auch das Zusammentreffen mit dem Regiestar des politischen Theaters zeitigte keinerlei Folgen. Trotzdem haftete ihm später, auch als Preußischem Staatsrat noch, die Fama an, er sei in seiner Jugend Kommunist gewesen.

Weitreichende Folgen hatte seine Begegnung mit Klaus Mann (1906–49), dem Sohn von Thomas Mann. Im Herbst 1925 inszenierte er dessen Vier-Personen-Stück «Anja und Esther». Der Regisseur wählte nicht die bestmögliche Besetzung, sondern die originellste, die das meiste Aufsehen versprach. Auf der Bühne standen Pamela, die Tochter Frank Wedekinds, die in Hamburg engagiert war, Klaus Mann, seine Schwester Erika, die der Regisseur alsbald heiratete, und Gründgens selbst. Das Bürgerschreckstückchen machte weniger Furore als die vereinigten Dichterkinder, die man gesehen haben mußte. Im Frühjahr 1927 inszenierte Gründgens Klaus Manns «Revue zu vieren» in derselben Besetzung. Die Bühnenmusik komponierte Klaus Pringsheim, ein Onkel der Mann-Geschwister. Die Bühnenbilder entwarf Thea Sternheim, eine Tochter des Dramatikers. Der Inhalt: Der Plan einer Revue scheitert an der Eifersucht einer Frau. «Kindertheater» nannte der Theaterkritiker Herbert Jhering diese Veranstaltung, als das Ensemble mit dem Stück in den Berliner Kammerspielen gastierte. «Auf die Neugier, die Klatschsucht des Publikums wird spekuliert ... Erika Mann wirkt damenhaft und distinguiert. Man wundert sich, daß sie diesen Betrieb mitmacht. Gustaf Gründgens ist

Mit Martin Kossleck, Pamela Wedekind, Klaus Mann, Erika Mann und Ballhaus in «Revue zu vieren» von Klaus Mann, Hamburger Kammerspiele, 1927

ein grober, undifferenzierter Schauspieler.»[24] Dies waren Jherings erste Worte über Gründgens. Der Schauspieler Werner Krauß, der nebenan, im Deutschen Theater, beschäftigt war, schrieb in Abwandlung von «Hier können Familien Kaffee kochen» mit Kreide an die Bühnentür der Kammerspiele: «Hier können Familien Theater spielen». Gründgens' Faszination von dieser «verlorenen Jugend», die sich zur Schau zu stellen und zu vermarkten verstand, verlosch sehr schnell. Jhering: «Eine Limonadenjugend. Kindliche Greise.»[24] Gründgens' Ehe mit Erika wurde 1928 geschieden.

Schwer zu schaffen machten dem Ehrgeizigen die Gastspiele Berliner Bühnenstars. Elisabeth Bergner, Paul Wegener und viele andere kamen mit eigenem Ensemble oder allein. Kamen sie allein, mußte ihnen das Ensemble der Kammerspiele nach einer Verständigungsprobe die Stichworte bringen, auch Gründgens. Nichts war ihm verhaßter. Er gehörte selbst nach Berlin, mußte aber feststellen, daß sein Ruhm bis in die Reichshauptstadt noch nicht gedrungen war. Seine größten Hamburger Triumphe feierte er mit seinen leicht satirischen Inszenierungen von Offenbachs «Schöner Helena» und «Orpheus in der Unterwelt», der Posse «Robert und Bertram» von Gustav Räder und des Lustspiels «Die zärtlichen Verwandten» von Roderich Benedix, letzteres «für das traute Heim bearbeitet von Gustaf Gründgens». Tanz, Musik, Tempo, Einfälle, Ironie, wechselndes Licht, wie aus dem Ärmel geschüttelte Überraschungs-effekte, kabarettistische Präzision – dies schien sein eigentliches Element zu sein.

Sein Sprungbrett nach Berlin war Wien, das Theater in der Josefstadt. In Hofmannsthals «Cristinas Heimreise» spielte er den Florindo, die Ca-sanovarolle, den Verführer. *Meine Partnerin war Helene Thimig, die mir ein paar Jahre später bei meinem ersten Berliner Orest so entscheidend helfen sollte: Als mir nämlich die Steigerung im dritten Akt nicht glücken wollte, kniff sie mich so fest in den Arm, daß ich schon vor Schmerz in die Nähe des Orest-Ausbruches kam. «Cristinas Heimreise» war auch meine erste Begegnung mit Max Reinhardt. Offiziell inszenierte das Werk Herr Hock. Und obwohl ich ihn sehr bewunderte, kam ich nicht klar mit ihm. In den letzten drei Tagen erschienen Hugo von Hofmannsthal und Max Rein-hardt, und es ist mir unvergeßlich und wird mir unvergeßlich bleiben, wie Reinhardt mit drei, vier Sätzen mich zu meiner damaligen Höchstform brachte. Meine «Höchstform» ist natürlich relativ gemeint. Ich habe noch die Erinnerung an eine Wiener Kritik – von Anton Kuh? –, die mir beschei-nigte: ich sei ein Hans Albers mit Tristan-Niveau.*[25] Die Presse war misera-bel. Dieser wie aufgezogen spielende Liebhaber war den Wienern zu kühl. Gleichwohl, der Talente-Sammler Reinhardt machte ihm ein Ange-bot für Berlin. Aber Ziegel konnte ihn noch nicht entbehren. Er hatte das Hamburger Schauspielhaus übernehmen und die Kammerspiele seiner Gattin Mirjam Horwitz und eben Gründgens überlassen müssen. Erst 1928 gelang es Gründgens, sich von Hamburg zu lösen.

Berlin 1928–1932

Seine Hamburger Erfolge zählten nicht. Er mußte von vorne anfangen. Der Liebling des Hamburger Publikums fühlte sich von der Prima in die Sexta zurückversetzt. Die Reinhardtschen Bühnen zahlten ihm nur einen Bruchteil der Gage, die er zuletzt in Hamburg erhalten hatte. Aber schon bald, nach ein paar unbedeutenden Aufgaben, am 23. Oktober 1928 wurde Gustaf Gründgens auch für Berlin entdeckt, jedoch in einer Rolle, die ihm wenig behagte. Neben Lucie Höflich und Hans Albers spielte er den sadistischen Homosexuellen Ottfried Berlessen in der Uraufführung von Ferdinand Bruckners «Verbrecher» unter der Regie von Heinz Hilpert im Deutschen Theater. Die Bühne zeigt einen Querschnitt durch ein Mietshaus. Auf verschiedenen Ebenen wird gleichzeitig gespielt, nebeneinander, gegeneinander und immer in Beziehung zueinander. Kleine Leute, große Sorgen, üble Verbrechen, und im zweiten Teil die Gerichtsverhandlung auf der abermals geteilten Bühne mit Schwurgerichtssaal und Richter- und Anwaltszimmern. Das Stück ist ein Angriff auf die damalige rückständige Justiz. Wenn von dieser Berliner Aufführung die Rede war, dann auch von Gründgens. Dieser glatte, eiskalte, zynische, in seiner Abgefeimtheit funkelnde, scharf artikulierende Typ war neu für Berlin. Von seinem Ottfried an war Gründgens Berlins meistbeschäftigter Schauspieler und Regisseur, und fast alle Stücke, in denen er spielte, inszenierte er selbst. Er wurde Spezialist für leichte Stücke, Revuen und, im Film, für Schurken mit Krawatte, für Gentleman-Verbrecher. *Ich habe immer die leicht ablesbaren, aus meinem Gesicht scheinbar leicht ablesbaren Rollen gespielt und nie die aus meinem Herzen kommenden, also nie. Im Anfang, meine ich! Und der Film ist vielleicht schuld daran, daß ich, na also, Sie wissen, daß ich früher der typische Filmschurke war. Und das klebt an einem. Auch meine erste Berliner Rolle in «Verbrecher» von Bruckner war eine Rolle, die ich sehr gehaßt habe, die ich aber spielen mußte, einfach um leben zu können, nicht? Aber, sie gab nichts von mir. Sie gab ein Bild von mir, und ich bin manchmal ganz verblüfft, wie wenig das Bild, das man von mir hat, mit dem Bild, das ich von mir habe, zusammenpaßt.*[26]

Er arbeitete ununterbrochen. Als Regisseur wußte er stets, was er wollte. Als Schauspieler, Kabarettist, Chansonier wurde er, wenn er mit anderen Regisseuren zusammenarbeiten mußte, oft unsicher. In einer Umfrage aus dem Jahre 1930 äußerten sich Berliner Schauspieler über ihre Arbeit mit Regisseuren. Der Schauspieler Gründgens schrieb über seine Er-

fahrungen mit dem Regisseur Gründgens: *Probleme werden nicht erörtert, Auffassungen nicht diskutiert, und Zwistigkeiten weiß er sowieso auf das geschickteste zu vermeiden. Auf den Proben einigt man sich schnell und leicht auf der Basis der deutschen Grammatik. Er verliert auch bei der gesteigertsten Arbeit ungern den Boden der Tatsachen unter den Füßen. Ein Fanatiker der Präzision, ist er ein geschworener Feind alles Zufälligen, Unklaren, Unkontrollierbaren. Der Zuschauer soll verstehen, was der Schauspieler sagt. Der Schauspieler soll verstehen, was der Dichter sagt...*[27] Immer wieder, bis an sein Lebensende, beschwor er die Regiekollegen, sich an des Dichters Wort zu halten, sich nicht klüger zu dünken, nicht eigene Auffassungen zu inszenieren, sondern die Stücke selbst. *Unsere Arbeit ist nicht dann schöpferisch, wenn wir eine Dichtung vornehmen und uns mit ihr in Szene setzen, sondern unser Beruf beginnt dann schöpferisch zu werden, wenn es gelingt, vom Dichter Geschautes und Gewolltes in einer Aufführung zu verdeutlichen oder gar zu steigern.*[28]

Goldene Worte! Wie aber zu solchen Regieaufgaben kommen? Hatte er in Hamburg Shakespeare, Büchner, Wedekind, Strindberg, Sternheim, Hans Henny Jahnn inszeniert und gespielt, wurde er in Berlin mit

Gesellschaftskomödien und Singspielen abgespeist. An klassischen Rollen spielte er in jenen Jahren lediglich den Orest in Beer-Hofmanns Inszenierung der Goetheschen «Iphigenie» mit Helene Thimig und den Kalb in «Kabale und Liebe» in der Inszenierung Max Reinhardts. Der aber war Berlin-müde geworden, müde überhaupt, seine große Zeit gehörte der Theatergeschichte an. Längst bestimmten andere Potenzen das Gesicht der Berliner Bühnen: Jessner, Piscator, Fehling, Brecht, Erich Engel, der Reinhardt-Schüler Heinz Hilpert. Reinhardt zog es nach Wien zurück, nach Salzburg, auf sein Schloß Leopoldskron.

In den Jahren 1930 bis 1932 änderte sich das gesamte Weltbild. Die Wirtschaftskrise produzierte Millionen und aber Millionen von Arbeitslosen. Mit ihren Familien mußten sie mit einem Minimum an Unterstützung auskommen. Die Menschen rückten zusammen. Viele Wohnungen, Werkstätten, Fabriken, Lagerräume standen leer. An jedem Haus hingen Schilder «Zimmer zu vermieten». Viele Berliner zogen den Sommer über an die Seen und wohnten in Zeltstädten, kamen nur einmal wöchentlich zum Stempeln in die Stadt. Die Regierungen standen den Problemen hilflos gegenüber. Ratlosigkeit entmutigte die Regierenden sowie den kleinen Mann. Das Leben des kleinen Mannes spielte sich in Kneipen ab, in Parks, auf Straßen. In den Parteizellen der Kommunisten und den Sturmlokalen der Nationalsozialisten sammelten sich die radikalen Elemente. Ein Teil der Bevölkerung klammerte sich an den einzigen, der die Lösung aus der Misere zu kennen behauptete: Beschäftigungsprogramm durch

Karikatur zu «Glück muß man haben!»: Mit Kurt Gerron, Till Klokow, Lee Parry, Ernst Busch und Eva Zimmermann

Straßenbau und Wiederbewaffnung, Brechung der Zinsknechtschaft, Einparteiensystem, Annullierung des Versailler Vertrages, Eroberung der Kornkammer Ukraine.

Der Ratlosigkeit im Politischen entsprach die Richtungslosigkeit der Theater. Die Zuschauerräume waren leer, selbst Premieren selten ausverkauft. Einige linksgerichtete Gruppen brachten aktuelle Stoffe auf die Bühne. Aber nur Gustav von Wangenheims «Truppe 31» hatte Erfolg. Ihre erste Produktion, die politische Revue «Die Mausefalle», konnte in Berlin und auf Tourneen dreihundert Aufführungen durchhalten, und das auch nur, weil sich die Mitglieder mit winzigen Gagen zufriedengaben. Theaterspielen kostet Geld, und Geld war knapp. Aber der in der gehobenen Unterhaltungsbranche stets überbeschäftigte Gustaf Gründgens verdiente gut. Er hatte eine Grunewaldvilla gemietet und lebte dort mit seinem untätigen Vater und seiner über alles geliebten Mutter, die ihm den Haushalt führte. Gern auch beherbergte er Freunde. Er liebte ein volles Haus.

Die Finanzen waren in Ordnung, der Künstler aber drohte zu verkümmern. Anfang 1932 saß er in der Generalprobe von Offenbachs «Hoffmanns Erzählungen» im Großen Schauspielhaus. Die Inszenierung Max Reinhardts enttäuschte ihn. Dergleichen hatte er in Hamburg besser gemacht. Er bat seinen Chef um Lösung des Vertrags. Reinhardt zeigte Verständnis für das junge Genie und ließ Gründgens laufen. Der wandte sich in der Presse mit einem Notschrei an das Berliner Publikum. *Ich habe ein Gesicht bekommen, das genügt. Aber ich habe nicht mein Gesicht. Alle leidenschaftlichen Versuche, das zu ändern, scheitern «an den Verhältnissen». Inzwischen wird meine Position eine derartige, daß man in der Öffentlichkeit beginnt, mich mit den Stücken, die ich inszenieren muß, zu identifizieren. Das geht zu weit. Und ich setze mich zur Wehr. Gegen das Theater. Ich löse einen Vertrag, dessen Erfolge mich diskreditieren. Ich mache mich ungern und gezwungenerweise selbständig, die Theater haben kein Geld, keine Zeit und keine Nerven mehr für systematische Arbeit, wie ich sie gewöhnt bin. Die logische und natürliche Entwicklung ist zerstört.*[29]

Zu den Aufgaben, die er zu seiner Entwicklung brauchte, kam Gründgens auf einem Umweg. Dieser begann schon 1928. Gründgens hatte eine hauptsächlich von Theaterleuten besuchte Nachtvorstellung von Cocteaus «Orpheus, Tragödie in einem Akt» inszeniert. *Es war meine erste wirklich interessante Regieaufgabe, die ich gestellt bekam.*[30] Der musikalische Leiter der Kroll-Oper Otto Klemperer (1885–1973) hatte sich das angesehen und die Inszenierung derart beschwingt, vom Wort her musikalisch gefunden, daß er nach der Vorstellung hinter die Bühne kletterte und sich mit dem Regisseur bekannt machte. Es dauerte aber ein Jahr, bis es zur ersten Inszenierung von Gründgens in der Kroll-Oper kam. Dieses Haus am Platz der Republik suchte sich von der repräsentativen Staatsoper Unter den Linden, deren Dependance sie war, durch einen modernen Spielplan und Inszenierungsstil zu unterscheiden. *Ich hatte gar keine Beziehungen zur Oper. Ich hatte eine große Beziehung zur Musik durch meine Mutter, die eine wunderbare Sängerin war, nicht aktiv, eine Schüle-*

rin von Lilli Lehmann. Und ich konnte als Junge alle Brahms- und Schu-mann-, Schubert-Lieder singen. Dann wollte ich Oratoriensänger wer-den, und dann wollte ich schließlich Kapellmeister werden und habe an den Treppenpfosten vom Treppengeländer mir ein imaginäres Orchester gebildet.[31] Am 27. September 1929 hatte Gründgens seine erste Opern-premiere mit drei Einaktern: «Spanische Stunde» von Maurice Ravel, «Der arme Matrose» von Darius Milhaud und «Angélique» von Jacques Ibert. *Es war für mich ein Abenteuer. Ich wußte immer, daß das niemals mein dominierendes Gebiet sein würde, aber ich war so fasziniert von dem Neuen. Und Singen, das tat ich furchtbar gerne und hörte ich furcht-bar gerne. Nun hatte ich das Glück, daß ich gleich im ersten Stück, näm-lich «Pauvre Matelot», eine Sängerin traf, die eine ganz außerordentliche Schauspielerin war, Moje Forbach. Und das hat mir schon sehr geholfen; und die anderen Sachen waren halt sehr zart und spielerisch und lagen mir an sich. Ich habe eigentlich sehr viel gelernt durch Opernregie, weil der Sänger gezwungen ist, das, was er ausdrückt, genau in den Takten auszu-drücken, die ihm dafür zur Verfügung stehen, während also – sagen wir mal – ein Gretchen im Gebet also 6 Minuten braucht, ein anderes braucht 4 Minuten, und das andere macht da eine Fermate und macht da eine Fer-mate, hat mich diese Ordnung, die die Musik also fordert, fasziniert und auch eigentlich meine späteren Inszenierungen, den Stil der Inszenierun-gen bestimmt.*[32]

Am Pult stand Alexander von Zemlinsky, der Lehrer und Schwager von Anton Schönberg. Die nächsten Dirigenten hießen Otto Klemperer («Die Hochzeit des Figaro», «Così fan tutte», «Der Rosenkavalier») und Leo Blech («Die Hugenotten»). Alle diese Aufführungen erregten Auf-sehen. Wodurch? Gründgens hatte sie aus dem Geiste der Musik heraus entwickelt, die Musik in Bewegung umgesetzt. Besonders die Opern Mo-zarts lagen ihm. Die spielerische Eleganz, die Leichtigkeit, mit der Schweres, Bedeutungsvolles, zum Ausdruck gebracht wird, begeisterten Gründgens. Mozart und Offenbach waren seine Lieblingskomponisten.

Er arbeitete mit den Sängern wie mit Schauspielern. *Kinder,* rief der junge Mann den Stars zu, *ihr wißt gar nicht, wieviel ihr könnt!*[33] Nicht das musikalische Können, das schauspielerische war gemeint. Wie immer wußte er seine Schritte propagandistisch zu kommentieren. *Die neue Ent-wicklung der Oper setzte mit der Wiederbelebung der Szene ein. Bisher redete man sich in der Opernregie auf einen dekorativen Al-fresco-Stil her-aus. Man belebte die Szene von außen – statt aus ihrem inneren Verlauf. Man versuchte Milieu zu geben – statt Handlung. Gab Rokoko – statt Mo-zart. Die Form der Hüte stimmte wie die Art der Verbeugungen; es wurde nicht versucht, die Vorgänge darzustellen. Man sah gesungene lebende Bil-der. Der Sinn für das Darstellerische wurde beim Sänger nicht geweckt, und wo natürliche Ansätze vorhanden waren – ich finde sie immer wieder bei einer überraschend großen Zahl –, wurden sie nicht gefördert. Das ging so weit, daß die Sänger nicht mehr die Situationen ihrer Rollen spielten, son-dern nur noch ihre musikalischen Einsätze.*[34]

Aus dem Statuarischen, der Erstarrung gelöst, gewannen die Sänger, die Rollen, die Partien, die Bühnengestalten ihr eigentliches, ihr musikalisches Leben zurück.

Das bedeutete natürlich nicht, daß die Oper Aktualität gewann, daß sie vom Zeitgeist erfaßt wurde wie im Italien Verdis. *Die Oper ist völlig irreal und der Urform des Theaters heute am nächsten. Die Oper ist heute der reinste Ausdruck jenes l'art pour l'art, hinter dem der Mensch sich vor dem Tag zu verstecken sucht. Sie lenkt ihn ab, sie erschüttert ihn, sie erhebt ihn – außerhalb seines realen Lebens. Er, der den ganzen Tag gezwungen ist, Stellung zu nehmen: wirtschaftlich, politisch – darf vor einer Oper ungestört seiner Phantasie und seinen Sehnsüchten freien Lauf lassen. Der Theaterabend soll heute keine Fortsetzung eines von Sorgen zerrissenen Tages sein, er soll in eine andere, bessere Welt entführen, deren Sorgen und Kümmernisse den unseren nicht gleichen und zu ihnen wunderbarerweise in gar keiner Beziehung stehen ... Es lassen sich keinerlei Parallelen ziehen, es drängen sich keine unliebsamen Vergleiche mit dem Alltag auf, man wird erst wieder in die Wirklichkeit gerissen, wenn der Vorhang fällt.*[35]

Diese Sätze charakterisieren nicht nur Gründgens' Auffassung von der Oper, sie fassen sein künstlerisches Programm von einem ästhetischen, geistigen, poetischen Theater zusammen. Dumont und Lindemanns Worte, daß auf der Bühne stets Sonntag sein müsse, waren auf fruchtbaren Boden gefallen. Der Alltag wurde ausgeklammert. Ein Bekenntnis zur l'art pour l'art also schon in jener vorfaschistischen Zeit, in der doch jeder Bürger zur Stellungnahme, zur Abwendung der Diktatur aufgerufen war. Aber Gründgens stellte seine Begabung, seinen Namen mitnichten in den Dienst irgendeiner politischen Theatergruppe. Dergleichen hätte seinem Wesen nicht entsprochen. Er spielte weiter Filmschurken und inszenierte leichte Stücke, stets im Hinblick auf die großen Aufgaben. Seinen größten Erfolg hatte er im Admiralspalast als chansonträllernder, total vertrottelter Herzog von Orléans neben Käthe Dorsch und Hilde Hildebrandt in Eduard Künnekes Singspiel «Liselott». Mit den Theaterunternehmern Alfred und Fritz Rotter, die mit Salonkomödien und Ausstattungs-Operetten den Massengeschmack zu befriedigen suchten («Das Land des Lächelns» mit Richard Tauber), schloß er einen Vertrag. Die Rotters, das war seine Bedingung für seine weitere Mitwirkung an ihren Etablissements, sollten ihm ihr Komödienhaus für die Uraufführung von Brechts «Heiliger Johanna der Schlachthöfe» zur Verfügung stellen. Die Einhaltung dieses Vertragsteils verhinderten die Nazis.

Dafür kam er auf dem anderen Weg zum Ziel. Die Kroll-Oper war nach einer Aufführung seiner Inszenierung des «Figaro» aus finanziellen Gründen geschlossen worden. Die drei folgenden Opern hatte Gründgens Unter den Linden inszeniert. Federführender Generalintendant der Preußischen Staatstheater, Oper und Schauspiel, war Heinz Tietjen. Die Oper leitete er auch künstlerisch. Das Staatsschauspiel am Gendarmenmarkt hatte einen eigenen künstlerisch verantwortlichen Intendanten. Tietjen redete aber auch da hinein, besonders wenn die Leitung schwach war. Die Inszenierungen der «Hugenotten» und des «Rosenkavaliers» hatte Gründgens ihm nur zugesagt, weil er ihm gleichzeitig einen Vertrag

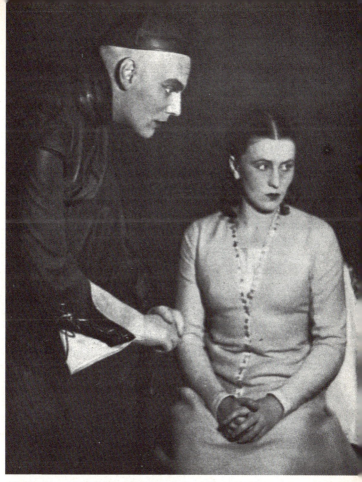

Als Mephisto mit Käthe Gold als Gretchen in «Faust» I, 1932. Staatliches Schauspielhaus, Berlin

über die Rolle des Hamlet und über die Inszenierungen von «Faust» I und II gab. Nun können aber an den großen Theatern immer nur die wenigsten Abmachungen eingehalten werden.

Am 2. Dezember 1932 war am Gendarmenmarkt die Premiere von «Faust Erster Teil». Regie: Lothar Müthel, Mephisto: Gustaf Gründgens. Das Staatstheater war in Verlegenheit gewesen. Im Goethe-Jahr sollte es beide Teile des «Faust» herausbringen. Die Leitung des Hauses war überfordert. Der Kultusminister drohte das Staatsschauspiel zu schließen. Die

Intendanz griff zu einer Notlösung, die sich als Glücksfall erwies. Einen Regisseur hatte man im Haus: Müthel. So kam Gründgens zur Rolle seines Lebens. Am 3. Dezember erschien Herbert Jherings Kritik im «Berliner Börsen-Courier»:

«Eins kann man nicht leugnen: Spannung erzeugt ein Schauspieler wie Gustaf Gründgens, wo immer er auftritt. Es ist nicht leicht, die reservierte Haltung eines Staatstheaterparketts zu durchschlagen. Dieses Publikum hat schon manchen müde gemacht. Gründgens wirbelt durcheinander. Er setzt sich durch. Er reizt auf. Aber er zwingt die Leute zuzuhören, ja oder nein zu sagen.

Die Durchbrechung der Langeweile ist im Staatstheater ein Ereignis. Womit aber erreicht Gründgens diese Wirkung? Was spielt er? Den Mephisto? Gründgens spielt den Agenten Fausts, einen Manager Schmelings, einen Stellenvermittler der Hölle. Er agitiert und treibt an, ein Demagoge, ein Unterhändler. Er engagiert Faust für eine Weltreise und versucht seinen Champion in Form zu bringen. Er macht ihm gute Laune durch Zauberkunststücke. Er ist der Theremin, der in Auerbachs Keller Töne aus der Luft greift. Gründgens inszeniert mit dem Schüler eine komische Oper nebst Tanz- und Springeinlagen. Er ist Regisseur, der den Mitspielenden und dem Publikum vormacht, wie Giampietro und Kainz einige Mephisto-Szenen gespielt hätten. Er ist Festarrangeur auf dem Wohltätigkeitsbasar. Er ist Rundfunkansager, der über die neueste Station von Fausts Wanderung berichtet. Er ist Reporter und Ballettmeister. Er ist Feuilletonredakteur, der den Text des Mitarbeiters Goethe ‹einrichtet› (fast alle Stellen fette Borgis, ein Achtel durchschossen). Er ist Kabarettsänger und Charleys Tante, Kavalier und zierige Dame. Er blitzt und funkelt. Er spielt ein naives Zaubermärchen mit lächelndem Snobismus. Er spielt hundert Variationen über das Thema Mephisto, aber niemals das Thema selbst. Er spielt Bemerkungen zum Mephisto, witzige Fußnoten gegen die Goethe-Philologen, aber niemals den neuen, modernen Mephisto selbst.» [36]

Dieser Passus gibt Auskunft über die Blasiertheit des Berliner Staatstheaterpublikums und läßt erkennen, wie sehr ein Mann wie Gründgens diesem Institut not tat. Und Jhering enthüllt, auf welch gewaltsame Art Gründgens sich in Szene zu setzen verstand. Es war, nach langem Warten und Drängen, sein erstes Auftreten in einer dominierenden Rolle auf höchster Ebene, und er erreichte, was er wollte: Aufsehen, Wirbel um seine Person. Den größten deutschen Schauspieler, Werner Krauß, der den Faust spielte, schaltete er im Alleingang aus. Später hat Gründgens sich zu rechtfertigen versucht. Krauß *war völlig besessen von der Idee, Faust als eine Marionette in den Händen Mephistos zu wissen. Ich erinnere mich im einzelnen, ihn, nachdem er eingeschläfert war, mit ausgestrecktem Arm von der Wand gezogen und wie einen leblosen Gegenstand wieder zurückgeworfen zu haben. Er hat diese Auffassung in der Premiere, irritiert durch mancherlei Kritik nach der Generalprobe, nicht mehr streng durchgehalten und sich dadurch – völlig unnötig – um seinen großen Erfolg gebracht.* [37] Wie dem auch gewesen sein mag, der Regisseur hatte dem

*Als Mephisto in «Faust» II, 1933.
Staatliches Schauspielhaus, Berlin*

neuen Staatstheaterstar freie Hand gelassen, und Werner Krauß war der Verlierer. Wenige Wochen später wurde das Gleichgewicht wieder hergestellt.

Für die Inszenierung des II. Teils war Gustav Lindemann verpflichtet worden. Im April hatte er diese «Revue des Geistes»[38] in Düsseldorf nach hundert Proben herausgebracht. «Hier vollzieht sich ein szenisches Blühen von zauberhafter Kraft und Wahrhaftigkeit»[39], hatte der Kritiker Karl von Felner gerühmt. Daß aber «ein Regisseur aus der Provinz» ans

Preußische Staatstheater geholt werden mußte, um «Faust» II herauszubringen, wurde als Symptom für den desolaten Zustand gewertet, in den
das Staatsschauspiel geraten war. Mit den Berliner Kräften wiederholte
Lindemann seine in Düsseldorf erarbeitete Inszenierung. Am 21. Januar
1933 stand zwar derselbe Schauspieler als Mephisto und doch ein anderer
auf der Bühne. Gründgens nahm von seinen Überspanntheiten vieles zurück, vertiefte, vergeistigte sein Spiel. Unter der Autorität seines früheren Lehrers fügte er sich in das Ensemble ein, und auch Werner Krauß
fand seine künstlerische Kraft wieder. Die Wiedergeburt dieses großen
Schauspielers wurde von der Kritik gefeiert, und auch Gründgens wurde
selbst von denen akzeptiert, die seinen ersten Mephisto als Bühnenkaspar
abgetan hatten. Herbert Jhering: «Sein Mephisto hat dieselbe Elastizität
wie im ersten Teil, aber er bricht niemals aus. Unter der Regie von Gustav
Lindemann hält Gründgens sich im Rahmen und wahrt die Schlagkraft
außerordentlich, die Leichtigkeit bezaubernd. Gründgens schillert und
funkelt und bleibt in jedem Satz diszipliniert.» [40]

Gründgens spielte nur wenige Vorstellungen. Am 30. Januar 1933, dem
Tag der Ernennung Hitlers zum Reichskanzler, der «Machtübernahme»,
war er mit Außenaufnahmen zu dem Film «Die schönen Tage von Aran-
juez» in Spanien beschäftigt und stand nun vor der Entscheidung, im Ausland zu bleiben oder . . . Freunde signalisierten ihm, er möge nach Hause
kommen, er habe nichts zu befürchten. Im Frühjahr 1933 war er wieder
im Ausland, *um mit einem jüdischen Freund, dem Schriftsteller Alexander,
einen Film für Gitta Alpar zu schreiben. Am Tage nach dem Boykott-Sonn-
tag im März 1933* (dieser Sonntag war der 1. April: SA beschriftete die
Schaufenster jüdischer Geschäfte zur Abwehr angeblicher Greuelhetze
im Ausland) *kam ich nach Paris, und dort erreichte mich der Anruf meines
jüdischen Freundes Carlheinz Jarosy: ich müsse zurückkommen, Alexander muß in Paris bleiben . . . Warum mußte ich zurückfahren? Weil ich in
diesem Zeitpunkt für das Wohl und Wehe von fünf Menschen verantwortlich war; das waren zunächst meine Eltern und dann ein Freund von mir,
der sich kommunistisch stark exponiert hatte, meine jüdische Freundin Ida
Liebmann, und als fünfter ein Freund von mir, dem ich noch 1944 nach
Schweden verhalf und der heute in Amerika lebt. Diese fünf Menschen
lebten in meinem Hause in der Hagenstraße. Sie gehörten zu meinem Haushalt . . .* [41] So Gründgens in einem Rechtfertigungsschreiben 1950.

Intendant – Staatsrat – Generalintendant

Die Ernennung

Versuche, in gemeinsamer Arbeit eine neue Form des Theaters zu finden, werden von den Schauspielern immer wieder gemacht, aber das schauspielerische Genie allein macht das Theater nicht aus. Dennoch hat der Theaterpraktiker im Augenblick die realsten Werte zu liefern; und es ist sicher kein Zufall, daß immer mehr Regisseure, und zwar die ausgesprochenen Schauspielerregisseure, die Leitung eines Theaters übernehmen.[42] Schon in der republikanischen Ära, vor seinen Erfolgen als Mephisto, war Gründgens als möglicher Retter des Staatstheaters im Gespräch. «Gründgens ist für den Wiederaufbau der Berliner Bühnen nötig», schrieb selbst der strenge Jhering. «Er wird entscheiden, ob er zum Startum oder zur Arbeitsgemeinschaft will. Ich glaube: Gründgens ist klug genug, um die Arbeitsgemeinschaft zu wählen. Dann ist ihm eine führende Stelle gewiß.»[43]

Der «Wiederaufbau» des Staatsschauspiels war schon 1930 akut, als der Intendant Leopold Jessner, erschöpft, sein Amt niederlegte. Von Januar 1930 an leitete Ernst Legal die Geschicke am Gendarmenmarkt – bis sich herausstellte, daß er nicht in der Lage war, zu Goethes Todestag «Faust» I herauszubringen. Im März 1932 mußte auch er seinen Hut nehmen. Der Schauspieler und Regisseur Albert Patry als Direktor konnte nur eine Zwischenlösung sein. Am 1. März 1933 marschierten Franz Ulbrich, bis dato Intendant in Weimar, und der Dramatiker Hanns Johst, nunmehr in SS-Uniform, in die Intendantenbüros des Staatstheaters Oberwallstraße ein. Beide, gleichbevollmächtigt, waren der Berliner Situation in keiner Weise gewachsen. Im April 1933 *eröffneten mir die damaligen Intendanten der Staatlichen Schauspiele, Johst und Ulbrich, daß mein Vertrag nicht bestehen bleiben könne, da ich nicht erwünscht sei und die mir vertraglich zugesicherte Rolle* (Hamlet) *sich in dem nun nach neuen Gesichtspunkten aufgestellten Spielplan nicht einordnen ließe. Am Abend dieser Vorstellung* (von «Faust» I) *lernte ich dann Göring kennen, der damals als Preußischer Ministerpräsident auch der Chef des Staatstheaters war. Göring zeigte sich von meiner Darstellung des Mephisto sehr beeindruckt und erklärte kategorisch, daß der zwischen dem Staatstheater und mir bestehende Vertrag bindende Gültigkeit sowohl für das Staatstheater als auch für mich haben müsse.*[44]

Am 13. Oktober 1933 hatte Gründgens seinen dritten Erfolg am Gendarmenmarkt: als Dr. Jura in Hermann Bahrs «Konzert». Seine Partnerin war Emmy Sonnemann aus Weimar, eine Salondame und Sentimentale, die sich in der Rolle der Frau Heink als liebenswerte, warmherzige, frauliche Erscheinung durchaus zu behaupten wußte. Und das neben einem Gründgens, der, gelöst, locker, überschäumend vor Charme, Spielwitz und Begeisterung an der ergiebigen Rolle, das reine Entzücken war. Er tänzelte zwar etwas zu oft an der Rampe entlang, war aber in seinem Element und wirkte unwiderstehlich.

Bei dieser Gelegenheit also wurde er mit Emmy Sonnemann, der Braut Hermann Görings, bekannt. Die Tochter eines Hamburger Schokoladenhändlers hatte in Weimar debütiert und dort gleich Karriere gemacht, ohne Protektion. Göring sah sie in einer größeren Rolle. Nachdem er bei der Schauspielerin Käthe Dorsch abgeblitzt war, verliebte er sich in Emmy Sonnemann und verlieh ihr den Titel «Staatsschauspielerin». Wie weit die Künstlerin mit Gründgens sondierende Gespräche über eine Übernahme der Leitung des Staatsschauspiels geführt hat, darüber gehen die Meinungen auseinander. Sie war, mit Recht, beunruhigt über die konfuse Doppelintendanz, nicht weniger als ihr künftiger Gemahl, der sich von dem im Kulturbereich dominierenden Propagandaminister Goebbels, zu dessen Crew auch Johst gehörte, das Staatstheater nicht aus der Hand nehmen lassen wollte. Im Dezember ließ Göring dem Publikum, das zur Premiere von Johsts Luther-Drama «Propheten» (Regie Jürgen Fehling)

Staatliches Schauspielhaus am Gendarmenmarkt, Berlin

Mit Emmy Sonnemann in «Das Konzert» von Hermann Bahr, 1933

gekommen war, das vorläufige Verbot der Aufführung verkünden. Damit war Johsts praktische Theaterlaufbahn beendet. Goebbels setzte ihn auf den Präsidentensessel der Reichsschrifttumskammer. Daß Gründgens als nächste Rolle Friedrich II. wählte, ist etwas merkwürdig. Gründgens und der alte Fritz, eine seltsame Verbindung. Das Stück, «Der König» von Hermann von Boetticher, kam dem Führerkult und Heldenmythos recht nahe. Eine künstlerische Notwendigkeit, die Rolle zu spielen, bestand nicht. Das Drama im Stile von vaterländischem Postkartenkitsch konnte auch durch Gründgens nicht gerettet werden. Etwas besser kam er als Fouché in Ulbrichs Inszenierung des Napoleon-Schauspiels «Hundert Tage» von Mussolini und Forzano zurecht.

Er hatte sich im Staatstheater auf drei verschiedene Weisen vorgestellt, in einem Klassiker, einer modernen Komödie und zwei dramatisierten Historien. Kurz nach der Mussolini-Premiere, am 26. Februar, gab Göring ihm den Auftrag, die künstlerische Leitung des Staatsschauspiels zu übernehmen, die bisherige Intendanz habe völlig versagt. Gründgens tat überrascht und lehnte ab. So unvorbereitet konnte er aber nicht sein. Der federführende Generalintendant Tietjen hatte ihn schon darauf hingewiesen, daß er der einzige in Frage kommende Mann für die Leitung des

39

Emmy Sonnemann und Hermann Göring als Brautleute

Staatsschauspiels sei, und ihm gleichzeitig zu erkennen gegeben, daß er, Tietjen, ganz und gar auf seiner Seite stehe. Göring drängte. Gründgens erbat sich Bedenkzeit und rief seine Hamburger Freunde Erich Ziegel und Mirjam Horwitz an. Am folgenden Tag, nachdem sich die erste Aufregung gelegt haben würde, sollte das Telefongespräch fortgesetzt werden. Am folgenden Tag stand Gründgens vor Ziegels Tür. Erich Ziegel 1945 in einer eidesstattlichen Erklärung: «Als Gründgens von Göring den Auftrag bekam, die Leitung des Berliner Staatstheaters zu übernehmen, hat er sich über die Schwierigkeiten dieses Problems mit mir und meiner Frau ausführlich beraten. Wie ich aus diesem Gespräch weiß, war für ihn schließlich entscheidend die Zuversicht, in dieser Stellung, für die ihm Göring weitgehendste Freiheiten zugesichert hatte, auf künstlerischem und vor allem menschlichem Gebiet viel Gutes durchsetzen und viel Schlechtes verhindern zu können. Dieses innere Programm hat er dann auch bei jeder Gelegenheit in zahlreichen Fällen mit Leidenschaft, Energie und Klugheit erreicht.»[45] Erich Ziegel mußte es wissen. Als der einstige Förderer expressionistischer Dramatik und Ehemann einer jüdischen Frau aus seiner Hamburger Position verdrängt wurde, engagierte Gründgens ihn ans Staatstheater, ohne, das verstand sich von selbst, zu verlangen, sich von seiner Frau zu trennen. Bis 1945 war Erich Ziegel Mitglied des Berliner Staatstheaters. Auch die Schauspieler Wolf Trutz, Paul Bildt, Paul Henckels, Karl Ettlinger hatten jüdische Frauen, und

Als Friedrich II. von Preußen mit Otto Manstaedt in «Der König» von Hermann von Boetticher, 1934

Als Fouché in «Hundert Tage» von Mussolini und Forzano, 1934

ihnen allen geschah nichts. Göring: «Wer Jude ist, bestimme ich.» Gründgens: *Es war mein Verantwortungsgefühl, an das man appellierte, und das mich schweren Herzens einen Teil unseres Berufes ergreifen ließ, an den ich nie gedacht hatte.*[46]

Aber ihn reizte auch das große, das gefahrvolle Spiel. Der erste Theatermann des Deutschen Reiches zu sein, konnte er, durfte er sich diese Rolle entgehen lassen? Es galt herauszufinden, ob da irgendwo ein Haken war, an dem er aufgehängt werden konnte. Während der vier Wochen Verhandlungen mit Göring wurden ihm immer größere Selbständigkeiten zugesichert. Gründgens blieb mißtrauisch. War er vor politischer Bevormundung sicher? Übernahm der neue Intendant etwa Verpflichtungen für Engagements «verdienter alter Kämpfer» und für Aufführungen von Blut- und Bodendramatik und militanten Nazistücken? Göring, gierig, einen so agilen Mann an die Spitze seines repräsentativen Riesenspielzeugs zu bekommen, versprach ihm freie Hand in allen Belangen. Nach vier Wochen sagte Gründgens zu, für ein halbes Jahr die Leitung kommissarisch, also stellvertretend, in besonderem Auftrag des «Obersten Chefs der Preußischen Staatstheater», zu übernehmen. Jetzt erst wurde die Ernennung bekanntgegeben. Gründgens unterstand Göring unmittelbar, hatte in schwierigen Fragen seine Rückendeckung und ständig freien Zutritt zu ihm, ohne Zwischeninstanzen, ohne daß Intriganten und Spione sich einschalten konnten. Daß die Nationalsozialisten einen Typ, der ihren Vorstellungen von einem deutschen Künstler so gar nicht entsprach, zum Leiter der prominentesten Bühne machten, hatte in der unvorbereiteten Öffentlichkeit niemand erwartet. Aber für diese Berufung war Göring, der ein eigenes Gespür für theatralische Wirkungen hatte, allein verantwortlich.

Im Ausland glaubte man es anders zu wissen. Danach hatten Hitler, Göring, Goebbels und Himmler, der Chef der Geheimen Staatspolizei, gemeinsam Gründgens unter Druck gesetzt, ihn mit Berufsverbot bedroht. Schließlich soll Gründgens einen sechsjährigen Vertrag akzeptiert und als persönliches Geschenk Görings einen eleganten Mercedes erhalten haben.

Übrigens war die Probezeit, die er sich ausbedang, bloße Taktik. Er war fest entschlossen, die Festung zu halten. Als er in der neuen Funktion zum erstenmal das Sekretariat und das künstlerische Betriebsbüro betrat, waren seine ersten Worte an die Angestellten, die doch schon die Intendanten Jessner, Legal, Patry, Ulbrich und Johst hatten kommen und gehen sehen: *Ich bin Ihr neuer Intendant. Und ich will Ihnen sagen: Mich überlebt keiner!*[47]

Der Intendant

Identifizierte er sich durch die Annahme der Intendanz mit dem Regime? Nicht im entferntesten. Von seinen Filmrollen haftete ihm das Odium des Neurotischen, Belasteten, Morbiden und Anrüchigen an. Göring setzte sich darüber hinweg oder, wahrscheinlicher, gerade diese Aura faszinierte ihn. Gründgens hatte sich als Opernregisseur ausgewiesen. Das war ein Alibi. Die nationalsozialistische und die Gründgens-Welt waren einander konträr, und doch gab es Berührungspunkte, Überschneidungen.

Einige Kritiker behaupten, Gründgens habe vor allem das Risiko geliebt. Zum künstlerischen Spannungsfeld kam ein weiteres, das politische. Seine Gegner warfen ihm vor, er habe mit seinem Staatstheater eine

43

Kulturfassade vor den Folterkellern, Konzentrationslagern und Hinrichtungsstätten aufgebaut und mit seiner Arbeit demonstriert, daß sich auch unter diesem Schreckensregime schaffen und leben ließe. Das Gegenargument: Es galt, die deutsche Theaterkultur von den völkisch-militanten Banausen nicht zerstören zu lassen, die Tradition der Klassiker und klassischen Moderne zu pflegen und fortzusetzen. Was wog mehr? Ist ein Abwägen möglich? Die Emigranten mißbilligten Gründgens' Entschluß. Die Daheimgebliebenen begrüßten ihn.

Am 9. April besuchte der neue Intendant den Propagandaminister des Dritten Reiches in dessen Residenz am Wilhelmplatz. Dem Diplomaten Gründgens war klar, daß er den Kontrahenten Görings nicht außer acht lassen durfte. Zum Machtbereich Görings gehörend, war auch Gründgens für Goebbels ein Todfeind. So sehr man sich angrinste, wenn man sich traf, die Fronten blieben hart. Damals hatte Gründgens die Feindschaft der einander gegensätzlichen Typen im Kampf um die zweite Stellung im Staate noch nicht erfaßt. Bald aber begriff er, daß, sollte Goebbels jemals auch die Staatstheater in seine Hände bekommen, er ihn sofort ins KZ stecken lassen würde. Von seinem ersten Besuch jedoch brachte der junge Intendant nur angenehme Eindrücke mit und fertigte sogleich eine Aktennotiz an. Darin heißt es: *Wir erfanden dann gemeinsam den Begriff: Aktivistisches, repräsentatives Theater, da ich mich natürlich nicht mit einem Repräsentations-Theater zufrieden geben konnte.* Nazi-Stücke blockte Gründgens ab, indem er sich zusichern ließ, daß am Staatstheater *keine Tendenzstücke, sondern Dichtungen mit Tendenz* gespielt werden sollten. *Hier stellten wir beide übereinstimmend fest, daß es im Grunde Kunst ohne Tendenz nicht gäbe.* Nun war es aber gerade die Linie des Staatstheater-Spielplans bis 1944, daß auch so gut wie keine *Dichtungen mit Tendenz* gegeben wurden, und eben das, stellte sich heraus, wirkte tendenziös. *Als ich wegging, verließ ich den Raum mit dem Gefühl absoluter Übereinstimmung.*[48]

Von großer Wichtigkeit für einen Intendanten sind die Mitarbeiter in den Büros, die Disponenten, Dramaturgen, Sekretäre, er ist abhängig von ihnen. Was Gründgens vorfand war eine eingespielte Mannschaft hervorragender Kräfte, einschließlich des Chefdramaturgen Eckart von Naso, der bereits zur Zeit Wilhelms II. in der gleichen Position dem Haus angehört hatte. Nur zwei Stellen waren frei, die des persönlichen Referenten und die des Zerberus. Persönlicher Referent wurde sein Freund und Gefährte aus Hamburger Tagen Erich Zacharias-Langhans. Da Langhans halbjüdischer Abstammung war, Juden und Halbjuden ans Staatstheater nicht engagiert werden durften, bezahlte Gründgens ihn aus seiner eigenen Tasche. Zerberus wurde Alfred Mühr.

Mühr, 1903 in Berlin geboren, war der einflußreichste Theaterkritiker der extremen Rechten. Seit 1924 Feuilletonredakteur an der nationalen «Deutschen Zeitung», kämpfte er vor allem «gegen die Verjudung des Berliner Theaters». Er hatte den «Kulturbankrott des Bürgertums» geschrieben, ein Buch, in welcher er die Kraft- und Ideenlosigkeit der deutschen Konservativen beklagte und die Kulturpolitik der Linken, allen voran Erwin Piscators, dem er ein ganzes Kapitel widmete, als in ihren Aktivitäten vorbildlich hinstellte. Mühr gehörte der nationalsozialistischen Bewegung an, aber in einem weitgefaßten Sinn. Diese große Bewegung, erklärte er, sei ein gewaltiges weltanschauliches Gebäude, und in diesem gebe es Raum für viele Gruppierungen. Er versuchte, dem Kreis um Ernst Jünger nahezukommen, wurde aber von diesen «heroischen Nihilisten» nicht akzeptiert. Mühr war eine Art Naturmensch, robust, unkompliziert, außerhalb Berlins im Grünen zu Hause. 1934 äußerte er sich spöttisch über einige Inszenierungen des Staatsschauspiels und zog sich den Zorn Görings zu. Göring sperrte ihm die Pressekarten und drohte, ihn verhaften zu lassen, wenn er noch einmal versuchen sollte, das Staatstheater zu betreten oder über eine Inszenierung zu schreiben, er hielt diesen Herrn für fähig, auch Aufführungen, die er gar nicht gesehen hatte, zu schmähen.

Gründgens lud den Widersacher zu einer Aussprache ein. Sie dauerte drei Stunden. Mühr: «Unter vier Augen bekannte ich, daß ich völlig frei von Vorurteilen wäre, und meinte damit auch seine homophilen Neigungen. Er war sehr offen zu mir, ließ wie ein Konzerndirektor dicke Etat- und Einnahmebücher holen und verwies auch auf Tages- und Monatssummen. Wir besprachen Spielplangestaltungen und gingen in Rollendetails.»[49] Mit einem Wort, Alfred Mühr wurde zum Künstlerischen Beirat und Lehrer an der Staatlichen Schauspielschule berufen. Gründgens benötigte eine «Axt im Hause», einen Rausschmeißer, der ihn vor ungebetenen Gästen schützte, ihn abschirmte und dem er Unbequemes aufpacken konnte. Außenstehende wunderten sich, daß sich Gründgens einen derart ungeschlachten Typ ins Haus holte. Aber dann waren die beiden, Herr und Knecht, für zehn Jahre ein zwar ungleiches, aber einander ergänzendes Gespann.

Gründgens' Lieblingswort war Ordnung. Ordnung in der künstlerischen Arbeit, im Denken und in der Verwaltung. Der ehemalige Bohemien übte auf preußische Art Disziplin. Den Forderungen des Tages wurde pünktlich entsprochen. Da er einen geradezu untrüglichen Theaterinstinkt besaß, stets über alles unterrichtet war und immer wußte, was er wollte, kam er mit einem Minimum an Zeit aus. Zwar ließ er sich gelegentlich beraten, im Grunde traf er seine Entscheidungen allein. Als sich eine Schauspielerin, Mitglied des Ensembles, bei einem Regisseur um eine Rolle in einem Stück, das dieser inszenieren sollte, bewarb, wurde sie fristlos entlassen. Sie hatte zu warten, bis sie eine Rolle vom Intendanten zugeschickt bekam. Die fristlose Entlassung wurde aufgehoben, weil Umbesetzungsproben zu viel Zeit gekostet hätten, schließlich wurde der Vertrag für die nächste Spielzeit verlängert, in letzter Minute. Der Künstlerin und dem Ensemble war eine Lehre erteilt worden. Der Intendant hatte zu verstehen gegeben, was er unter Ordnung verstand.

Der neue Kurs hieß Glanz, nicht Gloria, und Glanz konnte nur mit den größten deutschen Mimen verbreitet werden. Gründgens begann, das von Jessner hinterlassene Ensemble zu ergänzen. Hermine Körner, Paul Hartmann und Eugen Klöpfer waren die ersten Neuverpflichtungen.

45

Schauspieler, die zur Zeit Ulbrichs und Johsts geschwankt, die lieber ohne festes Engagement geblieben waren, als sich diesen mediokren Gestalten anzuvertrauen, ließen sich von dem neuen Intendanten für Jahre verpflichten: Werner Krauß, Käthe Gold, Paul Bildt. Als er Bildt, der auch Regieambitionen hatte, aufzählte, was er alles bei ihm spielen und inszenieren werde, unterbrach ihn der Schauspieler mit der Bemerkung, Gründgens könne ihm viel versprechen, einen Vertrag unterschreibe er nur, wenn er die Gewißheit habe, daß der Intendant Gründgens den Schauspieler Bildt liebe, denn nur dann werde er auch beschäftigt werden. Gründgens schaltete blitzartig um und begann Bildt in einigen seiner Rollen zu charakterisieren, nicht ohne schwärmerische Zwischentöne. Bildt unterschrieb. Der neue Intendant verstand sein Geschäft. Auf jeden Besucher stellte er sich besonders ein, spielte ihm einen anderen Intendanten vor, dekorierte auch, was er später bestritt, seinen Schreibtisch jeweils um. Einmal, hinter Bergen von Akten vergraben, gab er sich in Zeitnot und komplimentierte einen lästigen Besucher schnell wieder hinaus. Schon beim nächsten war der Schreibtisch von den Aktenattrappen leergefegt, und Gründgens spielte einem ihm wichtigen Besucher einen Intendanten vor, der sich besonders für ihn viel Zeit lasse. Schlimm waren die Tage, an denen er an Migräne litt. Auch dann kam er seinen administrativen Verpflichtungen nach. Er saß dann in sich gesunken da, und zwischen ihm und den Mitarbeitern und Besuchern war eine Wand. Seine Neuralgie, die vom Nacken aus aufstieg und sich im Hinterkopf festsetzte, erwies sich als unheilbar.

Neben den großen Namen, ihnen an Bedeutung keineswegs nachstehend, gehörten zum Ensemble eine Reihe von Spezialisten für kleine und kleinste Rollen, Persönlichkeiten von ausgeprägter Eigenart, fast ein Ensemble für sich, aus dem heraus jede Charge typengleich und doch originell besetzt werden konnte. Albert Florath, Karl Ettlinger, Wolf Trutz, Franz Weber, Walter Tarrach, Erich Dunskus, Walter Werner, Clemens Hasse, Wilhelm Krüger schufen die Atmosphäre, in der die Hauptdarsteller zur Geltung kommen konnten. Wenn die großen Mimen bewundert wurden, die kleinen wurden geliebt. Zu den Protagonisten kamen Gustav Knut, Günther Hadank, Käthe Dorsch, Marianne Hoppe, Hannsgeorg Laubenthal und Paul Henckels, später auch Viktor de Kowa, Theo Lingen und Heinz Rühmann.

Während des Aufbaus des Ensembles inszenierte Gründgens ohne viel Furore die Uraufführung des Stücks von Hans Schwarz «Rebell in England». Als Regisseur und als Intendant durfte er feststellen, daß man ihn selbständig arbeiten ließ, und sagte nun Göring bindend zu. Aus dem kommissarischen wurde der wirkliche Intendant. Als erstes trug er seine Dankesschuld an die Göring-Beraterin Sonnemann ab. Zu Beginn der Spielzeit 1934/35 inszenierte er mit ihr «Minna von Barnhelm». Die Kritik bescheinigte ihr eine durchaus glaubhafte, wenn auch etwas fraulich kompakte Minna; Gründgens spielte den Riccaut de la Marlinière. Franz Köppen im «Berliner Börsen-Courier»: «Bei seinem starken Geltungsbedürfnis kann es nicht anders sein, als daß er die paar Minuten mit einer

46

Als Riccaut in «Minna von Barnhelm», 1934

immensen Vehemenz an sich reißt, sie ganz für sich usurpiert. Die Gestalt irgendwie kulturgeschichtlich zu umreißen, eine gewisse zeitlich bedingte Schicht in einem Typus zu repräsentieren, interessiert Gründgens weniger, als eine des Effektes sichere schauspielerische Fünf-Minuten-Leistung.»[50] Jhering urteilte milder: «Hinreißend vom ersten Moment an ist der Riccaut von Gründgens. Es ist immer von neuem unheimlich, wie dieser Künstler mit seinem ersten Auftreten schon die Rolle, die Bühne und das Publikum beherrscht.»[51] Er beherrschte die Bühne auch als Bolingbroke in Scribes «Glas Wasser», Regie Jürgen Fehling, Premiere am

26. Oktober. Er spielte sich neben Hermine Körner und Käthe Gold derart in den Vordergrund, daß sich – ein typisches Beispiel für die Ausstrahlungskraft dieses Menschen – in Berlin herumsprach, auch die elegante, durchleuchtete und tänzerisch bewegte Inszenierung sei von ihm. Die Fehling-Freunde mußten umhergehen und das richtigstellen.

Das neue Ensemble zu präsentieren wählte Gründgens «König Lear». Wenn ein Stück vom Staatsschauspiel angekündigt worden war, überlegten die Theaterenthusiasten, wer wohl welche Rolle spielen werde. Bald klebten an den Litfaßsäulen überdimensionale Personenzettel und man konnte die Besetzung in Muße studieren. Sie war immer überraschend und verblüffte vor allem durch die vielen großen Namen. Die Schauspielernamen waren die Werbung. Mehr bedurfte es nicht. Die Besetzung von «König Lear» hat Denkmalswert. Lear: Werner Krauß; Graf Kent: Friedrich Kayßler; Graf von Gloster: Eugen Klöpfer; Edgar: Paul Hartmann; Edmund: Bernhard Minetti; Narr: Walter Franck; Goneril: Hermine Körner; Regan: Maria Koppenhöfer; Cordelia: Käthe Gold. Neun Protagonisten, von denen jeder im Mittelpunkt einer Inszenierung stehen, ein Stück hätte tragen können, die auch alle schon Titel- und Hauptrollen gespielt hatten. Die Inszenierung selbst blieb eindimensional, unpersönlich. Shakespeares sinnliche Fülle, seine tragische Wucht, der düstere Humor lagen dem Regisseur nicht. Das Endzeitliche, das Balancieren an Abgründen lag außerhalb der Gründgens-Welt. Natürlich wagte das in solcher Geradheit kein Kritiker zu äußern. In der Kaiserloge saß Hermann Göring und klatschte Beifall. Für den nationalsozialistischen «Völkischen Beobachter» war die Aufführung eine einzigartige «Huldigung für den anwesenden Ministerpräsidenten»[52]. In einem hatte der Regisseur gute Arbeit geleistet: Es herrschte Klarheit. Der Gang der Handlung und die Bedeutung der Charaktere standen Szene für Szene unmißverständlich vor Augen. Der Kritiker Otto Ernst Hesse bescheinigte Werner Krauß «ein paar großartige Momente: Den Tanz zum Regenlied des Narren und die phantastische Verhörszene im Kreis der beiden anderen Wahnsinnigen ...»[53] «Ein paar großartige Momente» in einer so umfassenden Rolle waren für den größten deutschen Schauspieler nicht eben viel.

Der Regisseur

Ich mache keine Regiebücher. Ich lasse das gedruckte Werk mit weißen Seiten durchschießen und einbinden, und es ist eine große Freude für mich, wenn es so, im Umfang verdoppelt und mit dem sachlichen Einband, den die Bibliothek des Staatstheaters den von ihr betreuten Büchern gibt, vor mir liegt. Aber wirklich in das Buch hineinschauen, das tu ich dann nicht mehr. Wenn ich es dann – gewöhnlich auf der dritten oder vierten Probe – verloren habe, bin ich eigentlich ganz froh. Denn nun hat sich das Werk von seiner Buchform ganz gelöst, und ich lerne es in der Form, für die es gedacht ist – nämlich durch Schauspieler gesprochen, auf der Bühne darge-

stellt – neu kennen. Die wesentlichen Striche mache ich gleich bei der ersten Lektüre. Alles Weitere ergibt die praktische Arbeit auf der Bühne.[54]

Er las die Stücke naiv wie ein Schüler Texte in seinem Lesebuch, ohne Vorbildung, ohne Sekundärliteratur, und er war stolz auf seinen (wie er sagte) durchschnittlichen, aber (wir ergänzen:) gesunden Menschenverstand. Er hielt sich an die Partitur. Diese Methode pflegte er sein Leben lang. Als er 1959 mit seiner Hamburger «Faust»-Inszenierung in Berlin gastierte, wurde er auf der Pressekonferenz gefragt, nach welcher Konzeption (das damalige Modewort) er bei der Textfassung vorgegangen sei. Gründgens, gut gelaunt, schlug ein Bein über das andere, lächelte kokett und verriet, zunächst einmal habe er alles gestrichen, was er nicht verstanden habe. Und schon hatte er das Auditorium auf seiner Seite.

Während er das Stück, das er inszenieren wollte, las, sah er es schon vor sich, wurde die Inszenierung vor seinem geistigen Auge lebendig, er sah die Spielorte, Auftritte, die Dekorationen und nach und nach auch die Besetzung. Die Besetzung war die erste produktive Arbeit und oft sehr mühevoll. Rollen und Darsteller mußten übereinstimmen. Meistens gab es mehrere Möglichkeiten. Es mußte die beste, die stimmigste gefunden werden. Da der Regisseur jeden Schauspieler genau kannte, wußte er, wie der die Rolle anlegen und spielen werde, und mehr oder etwas anderes verlangte der Regisseur Gründgens nicht. Experimentelle, ausgefallene Besetzungen lagen ihm fern. Er benötigte oft nur drei, niemals mehr als vier Wochen für eine Inszenierung. Allerdings war die tägliche Probenzeit nahezu unbegrenzt. Es wurde probiert, solange die Kräfte reichten und die Spannung anhielt. In den heutigen verbeamteten Theaterap-

1937 auf der Probe

1937

paraten sind die Probenzeiten gewerkschaftlich geregelt. Will ein Regisseur aus zwingendem Grund einmal eine halbe Stunde länger als erlaubt probieren, muß der Betriebsrat (wegen möglicher Überforderung des Ensembles) sowohl wie der Verwaltungsdirektor (wegen zu bezahlender Überstunden) gefragt werden. Gründgens unterlag damals diesen Beschränkungen noch nicht. Er arbeitete sicher und schnell, schon nach acht oder zehn Tagen konnte er das Stück durchlaufen lassen. Er war *kein Regisseur, der Probleme von der Wand riß, nur um Diskussionsstoff zu haben*[55]. Im Oktober 1935 inszenierte er im Kleinen Haus in der Nürnberger Straße, der neugewonnenen Dependance, Jochen Huths Komödie «Himmel auf Erden» und spielte darin die Rolle des Journalisten Warren, eine Produktion mit der linken Hand. Dann sollte der Clou kommen: «Egmont» im umgebauten Großen Haus.

Die Bühne war durch eine leistungsfähige Maschinerie bereichert worden. Mit der Rückfront stieß das Gebäude an die Charlottenstraße. Schräg gegenüber, Ecke Jägerstraße, hatte E. T. A. Hoffmann gewohnt und vor mehr als hundert Jahren aus seinen Fenstern dem Entstehen des Schinkelbaus bewundernd zugesehen. Gerade gegenüber lag das Kulissenmagazin. Die Dekorationen nun nicht mehr über die Straße tragen zu müssen, hatte man einen Torbogen gebaut, in Bühnenbreite und ebenso hoch. Akustisch abgedichtet, konnte die Brücke auch als Hinterbühne verwendet werden, denn die Bühne selbst lag in Höhe des ersten Stockwerks. Gründgens ließ über die straßenbahnbefahrene Charlottenstraße hinweg Egmont und sein Gefolge auf leibhaftigen Rössern heransprengen. Zur Wiedereröffnung des umgebauten Hauses am 7. November 1935 inszenierte er die Festvorstellung von Goethes Trauerspiel mit der Musik von Beethoven, Dirigent Wilhelm Furtwängler. Da die vollständige Bühnenmusik Beethovens gespielt wurde, die Aufführung aber nur drei Stunden dauern sollte, mußte der Text empfindlich gekürzt werden. Der Regisseur ließ sich von Rochus Gliese den Brüsseler Marktplatz und die Innenräume historisch echt nachbauen. Die Kostüme wurden flämischen Vorlagen nachgeschneidert. Unter diesem optischen und akustischen Aufwand brach das Stück fast zusammen. Der Aufrührer Vansen, dessen Reden in besonderem Maße eingestrichen worden waren, wurde von einem dicklichen Menschen (Hans Stiebner) wie nebenbei gespielt, sozusagen aus der Hosentasche heraus, und dadurch entschärft, entkräftet. Der Freiheitsheld Egmont, gespielt von Paul Hartmann, entwickelte seine Rolle mehr aus seiner Liebe zu Klärchen (Käthe Gold) als aus seiner politischen Überzeugung heraus. Hermine Körner als Regentin und Friedrich Kayßler als Alba objektivierten ihre Rollen, weichten sie auf. Alba war, in dieser Inszenierung, ein rechtschaffener Ideen- und Prinzipienträger, kein gewissenloser Eroberer. Höhepunkt des Abends war das Rededuell zwischen Alba und Egmont. Sehr männlich und mit todesverachtendem Zorn forderte Egmont die Freiheit seines Volkes. Alba antwortete als «Staatsmann». Zur Premiere hatte Göring die Reichsregierung und das Diplomatische Corps eingeladen. Hitler kam mit einigen Ministern. Die Kritiker ließen durchblicken, daß der Regisseur den Versuchungen einer mit allen technischen Raffinements ausgestatteten Bühne zum Opfer gefallen war. Die opernhafte Musik, gegen die die Schauspieler zu kämpfen hatten, paßte mehr zu einem Staatsakt als zu einem Schauspiel, aber ein Staatsakt sollte diese Aufführung ja auch sein. Gründgens hatte den Großen des Dritten Reiches eine repräsentative Festveranstaltung mit Goethe, Beethoven, Furtwängler, Protagonisten, Delfter Kacheln, Brüsseler Spitzen und feurigen Rössern geliefert. Die für diesen Aufwand weniger empfänglichen Besucher der 40 Wiederholungsvorstellungen sahen eine spannungsarme Inszenierung, die, wieder einmal, nur durch die Faszination, die von einigen Darstellern ausging, sehenswert war. Das Drum und Dran war selbst dem nationalsozialistischen Kritiker Wolf Braumüller zu viel: «Das Wort ertrank im Prunk und in der Weitläufigkeit der Szenerie und wurde statuarisch, wo es zur Emphase innerer Bedrängnis hätte werden müssen.»[56]

Zehn Tage später spielte Gründgens an gleicher Stätte Ludwig XVI. in Jürgen Fehlings Inszenierung von «Thomas Paine», einem Drama aus

Hanns Johsts vorfaschistischer Zeit. Das konnte man als beschwichtigende Geste auffassen. Jedenfalls brachte es ihm ein freundliches Schreiben des formierten Dichters ein. «Sehr geehrter Herr Intendant, lieber Herr Gründgens! Ich überfalle Sie jetzt mit dem inneren Bedürfnis, Ihnen noch einmal auf das Lebendigste zu danken. Sie haben meinen ‹Thomas Paine› an so hervorragender Stelle zur Aufführung gebracht, und Sie haben darüber hinaus dafür Sorge getragen, daß diese Aufführung beispielhaft als Ganzes und in jedem Teil wurde. Aber ich möchte nicht nur dem Intendanten danken, sondern vor allem auch dem Darsteller des Königs, der hier den praktischen Beweis erbrachte, daß es keine kleinen Rollen gibt. Ich nehme über diesem Dank hinaus die Gelegenheit wahr, Sie meiner aufrichtigen Bewunderung zu versichern. Die Art und Weise, wie Sie Ihr Theater zu erster Stätte des deutschen Theaterlebens geführt haben, wird Sie unvergänglich in das Goldene Buch der Deutschen Theatergeschichte eintragen. Mit dem Ausdruck meiner persönlichen Wertschätzung Ihr dankbar ergebener Hanns Johst.» Es fällt auf: Johst schreibt nur für sich, aus seiner «persönlichen Wertschätzung» heraus und unterzeichnet nicht, wie es für den Präsidenten der Reichsschrifttumskammer selbstverständlich gewesen wäre, mit «Heil Hitler».

Es folgte eine kühle, wie gezirkelte Inszenierung von Hebbels «Gyges und sein Ring», «Der tolle Tag» von Beaumarchais mit einem ausgelassenen, aufdringlichen Viktor de Kowa als Figaro und im Herbst 1936 «Hans Sonnenstößers Höllenfahrt», eine Selbstdarstellung, über die im Kapitel «Eine Insel auf dem Gendarmenmarkt» zu sprechen sein wird. Im Mai 1937 setzte er «Was ihr wollt» in Szene. Es wurde wieder einmal an nichts gespart, besonders an süßlich überladenen Dekorationen (von Traugott Müller) nicht. Die Ausstattung, Illyrien am Mittelmeer, nahm Shakespeares Worte vorweg. Als ob in Shakespeares Versen nicht alles enthalten wäre! Theo Lingen als Malvolio spielte so affektiert wie in seinen vielen Unterhaltungsfilmen. Von der Tragik des Lächerlichen drang durch den Klamauk nichts hindurch. Viktor de Kowa als Bleichenwang tobte sich unkontrolliert aus. Franz Weber als Junker Tobias mußte sich übermäßig ins Zeug legen, wollte er neben ihm nicht verlorengehen. Die Maria der Käthe Haack erschreckte durch forciertes Gelächter, und die Liebespaare verbreiteten nach bester Filmkitschmanier jede Menge Schmalz. Lediglich Marianne Hoppe als Viola und Aribert Wäscher als Narr behaupteten Haltung und Stil. Das alles gefiel einem Publikum, das Aufwand an Farben und Stars für Kunst hielt. Die Staatstheaterbesucher, und nicht nur sie, waren in euphorischer Stimmung. Der wirtschaftliche Aufschwung, viel Geld im Umlauf, überladene Schaufenster und Warenhäuser und auf der Drehbühne das große Ausstattungsvergnügen mit leibhaftigen Filmstars. Wenn Gründgens angetreten war, die deutsche Theaterkunst vor dem Verfall zu retten, hier jedenfalls wurde Shakespeare allzu billig verkauft. Aber das durfte niemand schreiben. Die leisetreterische Vorsicht vergangener Jahre hatte den Kritikern nichts genutzt. Im November 1936 hatte der Reichsminister für Volksaufklärung und Propaganda Kritikverbot erlassen. Was über Kunst zu sagen war, sagte er

selbst. Alle übrigen durften nurmehr «Kunstbetrachtungen» veröffentlichen. Der Theaterkritiker Herbert Jhering war schon ein halbes Jahr zuvor aus der Reichspressekammer ausgeschlossen worden.

Einer der Höhepunkte der Bemühungen um die «Bewahrung der deutschen Theaterkultur» war Gründgens' Inszenierung von «Emilia Galotti»

Die Staatlichen Schauspiele

werden in ihrem Bemühen um die Erneuerung der Klassiker fortfahren. Darüber hinaus hat sich die Intendanz entschlossen, die neue Spielzeit im besonderen Maße dem Drama der Gegenwart zur Verfügung zu stellen.

IM SCHAUSPIELHAUS

bringt der klassische Spielplan neben Wiederholungen von: Egmont, Maria Stuart, Don Juan und Faust, Hamlet, Richard III., König Lear, Was ihr wollt Neuaufführungen von:

Goethe: Faust, I. und II.
Spielleitung: Gustaf Gründgens

Schiller: Wallenstein, I. und II.
Spielleitung: Lothar Müthel

Shakespeare: Heinrich IV., I. und II.
Spielleitung: Jürgen Fehling

Aus der Dichtung um die Jahrhundertwende wählt das Schauspielhaus **Peer Gynt** von **Ibsen**, für die deutsche Bühne gestaltet von **Dietrich Eckart**, mit **Paul Hartmann**.

Von zeitgenössischen Autoren werden im Schauspielhaus vier Ur- und Erstaufführungen herausgebracht:

Billinger: Der Gigant
Spielleitung: Jürgen Fehling

Rehberg: Der Siebenjährige Krieg
Spielleitung: Gustaf Gründgens

Moeller: Der Sturz des Ministers
Spielleitung: Lothar Müthel

Johst: Der Einsame

Zum 75. Geburtstag Gerhart Hauptmanns Die versunkene Glocke, Spielleitung: Lothar Müthel. Mit Werner Krauß, Käthe Gold, Maria Koppenhöfer, Friedrich Kayßler, Aribert Wäscher.

Herbst 1937. Das ursprünglich die Fürstenwillkür anklagende Drama wurde als Intrigen- und Kriminalstück, als Familien- und Schicksalstragödie gegeben. Gründgens inszenierte den Text vom Blatt, sogar mit den für das 18. Jahrhundert charakteristischen Spracheigentümlichkeiten. Er selbst spielte den Prinzen. «Ein Marinelli wäre er gewesen, doch er wählte den arroganten, verdorbenen Prinzen, um sich als Galan beim Publikum in Erinnerung zu bringen», spottete nach Gründgens' Tod Alfred Mühr.[57] Im übrigen war das Stück hochbesetzt: Marinelli war Bernhard Minetti, Emilia Marianne Hoppe, ihre Eltern Friedrich Kayßler und Hermine Körner, ihr Verlobter Paul Hartmann. Die Gräfin Orsina der Käthe Dorsch streifte in Schmerz und Empörung das Somnambule, Ekstatische, Wahnsinnige, ohne die Rolle als pathologischen Einzelfall zu entwerten. Die Diktion Lessings, die kristallische Kälte, mit der die Vorgänge seziert und bloßgelegt werden, entsprachen der Forderung des Regisseurs nach Ordnung und Klarheit. Es gab keine schlechten Kritiken, konnte keine geben. Nicht nur, weil Kritikverbot herrschte. Es schlichen sich ja doch bei vielen «Kunstbetrachtungen» immer wieder kritische Töne ein. Gründgens war bestrebt gewesen, das Stück originalgetreu zu spielen, und das war ihm bis zur Perfektion gelungen. Seine «Emilia Galotti» leitete eine kleine Lessing-Renaissance ein. So sehr sich Gründgens in Neuauflagen seiner Erfolge gefiel, «Emilia Galotti» blieb davon verschont. *Diese Aufführung ... möchte ich nicht gerne noch einmal machen, denn sie kann nie wieder so gut werden wie damals, als sieben erste Schauspieler dieses Stück spielten zu einer Zeit, in der jeder für seine Rolle auf dem Höhepunkt war*[58], erklärte er Jahrzehnte später.

Vier Wochen nach der Lessing-Premiere feierte Theater-Berlin seine Inszenierung der «Kameliendame», einer für unspielbar gehaltenen Edelschnulze von Alexandre Dumas fils, und im Grunde blieb sie auch unspielbar, außer eben für Gründgens und sein Ensemble. Marguerite (Käthe Dorsch), deren Lieblingsblumen Kamelien sind, eine der großen Pariser Kokotten, liebt Armand (Otto Graf), Sohn aus gutbürgerlichem Haus in der Provinz. Sie wird wiedergeliebt, will ihr frivoles Leben aufgeben und Armand heiraten. Armands Vater redet ihr ins Gewissen. Ihre Vergangenheit wird ihr ewig anhängen und den Sohn gesellschaftlich unmöglich machen. Und wie Friedrich Kayßler die Rolle spielte, nicht als verknöcherter Spießer aus der Provinz, sondern als Grandseigneur, als Sachwalter der Vernunft, war er die einzige vertrauenswürdige Stimme im Stück. Sein Auftritt bringt die Wende, auch im Bewußtsein Marguerites. Für das Publikum und einige Kritiker war es nun nicht ganz leicht, herauszufinden, ob Marguerite das Kokottenleben wirklich wieder aufnimmt oder es dem geliebten Mann nur vorspielt, um ihm den Abschied zu erleichtern. So nämlich meinte es der Autor. Vor solch einem Edelmut kapituliert denn auch der Vater. Zu spät. Nicht an Schwindsucht stirbt Marguerite, sondern an gebrochenem Herzen. Das Ensemble spielte gegen die Sentimentalitäten des Rührstücks wirksam an. Der Regisseur hatte den 1853 von Verdi vertonten Text («La Traviata») ins Fin de siècle verlegt, in die Zeit der Maupassant, Toulouse-Lautrec und Manet. Der Vorhang öffnete sich vor einem Traum von Salons und Boudoirs, Tapisserien, Causeusen, Wandschirmen, Blumenarrangements und Springbrunnen, von Seidenraschein, nackten Schultern und Décolletés, von gutgewachsenen Herren, die anscheinend nie etwas anderes als maßgeschneiderte Fräcke getragen hatten, so sicher und graziös bewegten sie sich im

Als Prinz mit Käthe Dorsch als Gräfin Orsina in «Emilia Galotti», 1937

Tanz und Spiel um die Liebe. In diesem Tempel des Charmes und des Esprits sang die Tochter Frank Wedekinds, Pamela, Chansons, liebkosten sich die Paare, spielte sich die tragische Romanze um Marguerite und Armand ab. Es gab Zuschauer, die verließen nach der Vorstellung das Theater berauscht wie in Trance.

Als Friedrich II. von Preußen in «Der Siebenjährige Krieg» von Hans Rehberg, 1938

Was hatte der Führer und Reichskanzler auf dem ersten Parteitag nach der Machtübernahme am 1. September 1933 proklamiert und gefordert? «Die deutsche Kunst des nächsten Jahrzehnts wird heroisch, sie wird stählern-romantisch, sie wird sentimentalitätslos sachlich, sie wird national mit großem Pathos, und sie wird gemeinsam verpflichtend und bindend sein, oder sie wird nicht sein.»[59] Mit Inszenierungen der «Kameliendame» und ein Jahr später der «Südfrüchte» von Marcel Pagnol bezog

Gründgens eine gegensätzliche Position. Mit seiner Inszenierung von Hans Rehbergs «Siebenjährigen Krieg» im Frühjahr 1938 aber kam er der stählernen Romantik und dem großen Pathos verdächtig nahe. Es gab Theaterfreunde, die solch vaterländischen Schinken grundsätzlich aus dem Wege gingen, auch wenn Herr Gründgens auftrat. Er spielte selbst Friedrich den Großen, anscheinend eine seiner Lieblingsgestalten, er spielte ihn ja schon zum zweitenmal. Diesmal war die Wahl gerechtfertigt durch die Qualität des Stücks. Rehberg trieb die historischen Charaktere auf den Höhepunkten ihres Machtstrebens bis ins Krankhafte, was dem Hysteriker Gründgens entgegenkam, den Nazis mißfiel. Nach einigen weiteren allzu wahrheitsgetreuen historischen Dramen fiel der Nationalist Rehberg (seit 1930 Mitglied der NSDAP) in Ungnade, wurde 1942 «abgewürgt»[60] und durfte in Berlin nicht mehr aufgeführt werden. 1938 wurden Gründgens und sein Freund Rehberg von den «Kunstbetrachtern» gefeiert. Paul Fechter im «Berliner Tageblatt»: «Der Rhythmus des Sprachlichen war hart, laut – der Krieg bestimmte die Melodie. Nur einer ging gebändigt, fast schweigsam durch die blutige Welt – der König, den Herr Gründgens spielte. Er gab nicht den alten Fritz, wie ihn die Fridericus-Filme brachten, sondern stellte einen Ekstatiker des Gefühls, einen Mann hin, der im Krieg den Rest seiner Jugend entschweben fühlt und mit harter Hand sich und sein Werk zusammenhält.»[61] Zu kuriosem Schwulst verstieg sich Mitarbeiter Mühr: «Eines Königs, eines Staatsmannes, eines Feldherrn Weg geht über alles Begreifen. So gibt Rehberg der dichterischen Deutung und der menschlichen Genialität des preußischen Königs die erschütternde Aussage und die geistige Gestaltwerdung einer Führung im weltgeschichtlichen Panorama ... Aus Gustaf Gründgens' Königdarstellung spricht das Gesetz der geistigen Form. Nicht die Porträtähnlichkeit, sondern die geistige Ähnlichkeit, nicht die historische Illusion, sondern die geistige Schöpfung erfüllt diesen Friedrich. Hier äußert sich eine künstlerische Leidenschaft in der tragischen Konsequenz seines öffentlichen Schicksals – demonstriert und zum schauspielerischen Antlitz erhoben durch die friderizianische Vision.»[62]

Sich von der friderizianischen Vision im weltgeschichtlichen Panorama zu erholen, inszenierte Gründgens im Herbst «Südfrüchte» von Marcel Pagnol. Nach offizieller Version war das französische Volk verneegert, dekadent, degeneriert. Dem rassischen Überheblichkeitswahn und dem Waffengerassel setzte Gründgens eine mittelmeerische Welt der Verliebten, der Käuze, der kleinen Lebenskünstler und Individualisten entgegen. Die Inszenierung im Kleinen Haus in der Nürnberger Straße war eine einzige Liebeserklärung an ein freiheitliches Leben unter südlicher Sonne, unter südlichen Sternen, sie war von einer Verspieltheit und Verliebtheit, die jedoch mit dem raffiniert zubereiteten Schaumgebäck «Kameliendame» nichts gemein hatte. Werner Krauß als Caesar, Aribert Wäscher als sterbender Panisse, Albert Florath als Pfarrer, Käthe Dorsch als Fanny und Gustav Knuth als Marius – niemals mehr wird eine so hohe Besetzung ein so kleines Stück spielen. Für viele Theaterfreunde war diese Inszenierung der bisherige Gipfel in Gründgens' Regiearbeit.

59

Staats=Oper

Sonntag, den 18. Dezember, 20 Uhr

Neuinszenierung

Die Zauberflöte

Oper in 2 Akten von Wolfgang Amadeus Mozart

Tiana Lemnitz / Erna Berger / Carla Spletter
Hilde Scheppan / Elfriede Marherr / Rut Berglund
Helge Roswaenge / Josef v. Manowarda / Fritz Krenn / Rudolf Bockelmann
Gerh. Witting / Benno Arnold / Felix Fleischer / Basso Arghyris / Mich. v. Roggen

Musikal. Leitung: Herbert v. Karajan ★ Inszenierung: Gustaf Gründgens
Gesamtausstattung: Traugott Müller
Vorverkauf ab Sonntag, dem 11. Dezember / Ersatz- Gut- und Umtauschscheine ungültig

Wiederholungen am 23. und 26. 12. 1938 sowie am 1. 1. 1939

Schon wenige Wochen später feierte er einen Triumph mit seiner Inszenierung der «Zauberflöte» in der Staatsoper Unter den Linden. Wieder gelang ihm, die Musik in fast tänzerische Bewegung umzusetzen. Er entmythologisierte den Stoff und spielte ein Märchen voll naiver Phantasie. Dirigent: der dreißigjährige Herbert von Karajan, der bereits ahnen ließ, und das nicht nur durch seine fachlichen Qualitäten, was für eine Rolle er im Musikleben zu spielen beabsichtigte. Als während einer Probe jemand Gründgens zuflüsterte: «Das ist ein sehr guter Dirigent!», antwortete er: *Ja, das ist er. Aber an Hysterie bin ich ihm über!*[63]

Als Intendant war er nicht nur verantwortlich für die eigenen, auch für die Inszenierungen der anderen Regisseure. Meistens besuchte er eine der letzten Proben, oft erst die Generalprobe und kam dann auch noch zu spät. Die meisten Generalproben waren halböffentlich. Leute vom Bau, Schauspielschüler, Kollegen anderer Theater hatten freien Zutritt. Gründgens setzte sich dann mitten ins Parkett und nahm an dem Ablauf lebhaften Anteil. Handelte es sich um ein Lustspiel, etwa im Kleinen Haus, lachte er, machte anerkennende Bemerkungen zu den Damen und Herren seiner Umgebung, schlug sich auf die Schenkel, flüsterte mit dem Regisseur. Vor sich hatte er sechs leere Sitzreihen und die Bühne, zwischen der Bühne und dem Regiestab durfte niemand Platz nehmen. Hinter und über sich, in den Rängen, hatte er die Gäste, und er bezog bald auch diese, sich umblickend, in seine Emphase mit ein. Die meisten Zuschauer hatten nur noch Auge und Ohr für ihn. In einem neuen Zwierei-

her, die Glatze wie poliert und die Brillengläser funkelnd, war er bald Mittelpunkt der Probe. Kaum war nach dem ersten Akt, der vielleicht 30 oder 40 Minuten gedauert hatte, der Vorhang gefallen, eilte der Intendant auf die Bühne, zweifellos, durfte man nach dem bekundeten Wohlgefallen annehmen, um seinen Schauspielern zu gratulieren, vielleicht ihnen den einen oder anderen Tip zu geben. Es kam aber vor, daß der Vorhang sich erst wieder nach einer guten Stunde hob. So ging es auch nach den weiteren Aufzügen. Die Probe dauerte bis kurz vor der Abendvorstellung. Erich Ebermeyer erzählt in seinem Erinnerungsbuch[64], wie Gründgens bei der Generalprobe zu seinem Lustspiel «Sonne für Renate» alles umwarf, diesmal im geschlossenen Haus, ohne Gäste, nur Fotografen waren zugelassen, und die wurden dann hinauskomplimentiert. Nachdem der Intendant den Regisseur Paul Bildt um Erlaubnis gefragt hatte, ein paar Änderungen anzuregen, sprang er auf die Bühne und wirbelte die Inszenierung völlig durcheinander, er begann das Stück von vorne, spielte jede Rolle vor, und zwar viel lustiger, effektvoller, origineller, als es die Schauspieler fertiggebracht hatten, einfach genial, wie Erich Ebermeyer bekennt. Was aber hatte das einen Tag vor der Premiere für einen Sinn? Wieviel von Gründgens' Einfällen konnten die Schauspieler behalten, verarbeiten, umsetzen, am nächsten Tag bringen? Er machte sie doch nur unsicher. Aber der Bühnenzauberer tobte sich aus, auf Kosten des Ansehens des Regisseurs und, wahrscheinlich, der Qualität der Aufführung, er bewies dem Ensemble, daß er der Größte war, der in seinem Fach mit Abstand Einzige. «Geniefurz!» schimpfte der Regisseur Paul Bildt ein übers andere Mal, und zwar so laut, daß Gründgens es hörte, den aber kümmerte das nicht, in dem Wort kam «Genie» vor, das genügte ihm. Nach dem zweiten Akt fiel ihm ein, daß er ja schon längst keine Zeit mehr hatte, daß er am Abend auch noch spielen mußte, und ließ die Schauspieler und den Regisseur mit dem dritten Akt allein. Gründgens hatte einen angenehmen Vormittag verbracht, hatte seinem Ensemble den Regisseur Gründgens vorgespielt. Auch auf seinen eigenen Proben ging es ja niemals ohne Theater auf dem Theater ab. An Hysterie war ihm wirklich niemand über.

Hamlet und die Schauspielkunst

«Ein ausgezeichneter Schauspieler sprach oft hinreißend die Worte des Hamlet, ohne das zweite Gesicht, ohne den Hintergrund ...»[65] So Herbert Jhering am 11. Januar 1936 im «Berliner Tageblatt». «Ohne Hintergrund»! Was blieb denn da? Die Oberfläche. Und lediglich «oft» sprach Gründgens die Rolle hinreißend, nicht durchgehend. Und er «sprach» den Hamlet, verkörperte ihn nicht. Das war natürlich ein Todesurteil. Gründgens sollte ihm das nie vergessen. Nichts war dem Schauspieler heiliger als sein Hamlet. Er sollte die Rolle seines Lebens werden. Die Rolle seines Lebens wurde Mephisto, der ja keine schicksalsgeprüfte Menschengestalt ist, sondern eine rhetorische Rolle, ein Ansager, Pos-

Hamlet, 1927

senreißer, Antreiber, Aufpeitscher, dem es um eine Wette geht, eine Kunstfigur.

Hamlet, überbürdet mit der Aufgabe, die aus den Fugen geratene Welt wieder einzurenken, Wahnsinn vortäuschend, sich seiner Haut nach besten Kräften wehrend, aber seinen Feinden nicht gewachsen, im Untergang die höfische Verbrecherwelt mit sich reißend, ist eine Gestalt auf einer anderen Bühnenebene als die des Mephisto. Der Hamlet von Gründgens war aufgeregt, aber nicht erschüttert. Der Schauspieler kam von sich nicht los, konnte sich nicht verleugnen. Man sah nicht Hamlet, man sah Gründgens, in ein Theaterkostüm geschlüpft. Er spielte einen Schauspieler, der den Hamlet zelebrierte. Er gab die Rolle, als ob er sie einem Schauspieler vormachte, der sie dann verkörpern sollte. Es war, als zeige er ununterbrochen mit dem Finger auf sich, er spielte wie zwischen Spiegeln, sich betrachtend. *Ich lese gern, wenn Sie schreiben, daß mein Hamlet isoliert von seiner Umwelt lebt.*[66] Der Schauspieler lebte auch iso-

Hamlet, 1936

liert von seinem Ensemble, nicht nur bei den Monologen, die er wie Arien vortrug. Den hektisch akzentuierenden, tremolierenden Sprechstil behielt er sein Leben lang bei, bis in seine Altersrollen hinein. Und man hatte den Eindruck, er könnte seine Rollen jederzeit auch anders spielen. Das konnte er auch. Wer ihn mehrmals als Hamlet, Fiesco, Don Juan oder Richard II. sah, konnte verschiedene Auffassungen erleben, die Betonungen, Lautstärken, Gesten und Gänge variierten ganz außerordentlich, so als probiere er aus, taste er herum. *Ich denke nicht gern über meine Rollen nach, und gerade der Hamlet ist eine Sache, an die ich ungern rühre. Ich glaube auch, daß er sich in jeder Vorstellung soweit ändert, als ich anders disponiert bin.*[67]

Es gab Zuschauer, die litten, wenn sie Gründgens in einer klassischen Rolle sahen; das Zierige, sich um sich selbst Windende seiner Darstellung war ihnen unerträglich. Sie beklagten den Mißbrauch des deutschen Theaters zum Zweck eines Exhibitionismus. Ihnen fiel auf, daß der Inten-

63

*Hamlet-Büste von
Jürgen Maass, 1936*

*Hamlet-Plakette von
Fritz Klimsch, 1938*

dant des Preußischen Staatsschauspiels mit Vorliebe in Rollen auftrat – Hamlet, Fiesco, Mephisto, Don Juan, Tasso, Richard II. –, die ihm erlaubten, seine seidenbestrumpften Beine zu zeigen, bis zu einem Höschen oder Röckchen hinauf.

Wie aber kam es, daß der Großteil des Publikums, das doch so viele blutvolle Schauspieler sah, auch Gustaf Gründgens akzeptierte, mehr noch, vergötterte, an die Spitze der deutschen Schauspielkunst stellte. Der Weg der Fans lief über die Person. Sie liebten ihn selbst! Sie gingen nicht vom Stück aus und der Rolle, sondern von der Darstellung, von Gründgens persönlich. Stück und Rolle waren Nebensache, waren Anlaß, Gelegenheit, ihn zu sehen. Für Gründgens blieb sein Publikum, er hat das selbst geschildert, gestaltlose Masse. Gründgens war kurzsichtig. Wer ein paar Meter von ihm entfernt war, verschwamm vor seinen Augen. In jungen Jahren trug er ein Monokel, das später durch eine Hornbrille ersetzt wurde. Auf der Bühne mußte er natürlich ohne dieses Hilfsmittel auskommen.

Gründgens-Vorstellungen waren stets ausverkauft, und zwar von Sonntagmittag an, knapp zwei Stunden nach Öffnung der Theaterkassen für die ganze kommende Woche. Gleich nach der Vorstellung am Sonnabendabend nahmen die ersten Enthusiasten Aufstellung, sie standen die ganze Nacht, auch in der strengen Jahreszeit, die Schlange wuchs rund um das Schauspielhaus. Jeder erhielt nur zwei Eintrittskarten. Da kam es vor, daß sich ein wohlbeleibter Herr, der in der Staatsoper am Abend zuvor seinen 104. «Meistersinger» gehört hatte, mit einer Dame unterhielt, die bereits 129 «Hamlet»-Aufführungen (alle mit Gründgens, versteht sich), hinter sich gebracht hatte, alle gewesenen Vorstellungen außer einer, da sie durch Krankheit verhindert gewesen war, und dieser einen trauerte sie als einem nie wiederaufzuholenden Verlust nach. Wenn Gründgens die Bühne betrat, trat die Gründgens-Welt mit auf, Erinnerungen an ihn, Bonmots von ihm, Anekdoten über ihn, seine (Skandal-)Geschichten, sein waghalsiges Balancieren im Dritten Reich. Seine Adoranten starrten ihn an, ließen sich in seinen Bann ziehen, hypnotisieren. Schauspielkunst ist auch immer Selbstdarstellung, bei Gründgens war sie es in sehr hohem Maße. Und die Intensität, mit der der Künstler stets aufwartete, schmeichelte.

Da hatten Kritiker und Kollegen einen schweren Stand. Und es wurden ganz schöne Eiertänze aufgeführt. So unmißverständlich, wenn auch höflich, wie Jhering äußerte sich niemand, wenigstens nicht öffentlich. «Ich weiß nicht, ob das Shakespeares Hamlet ist, was du spielst, aber es ist so, als wenn sich mit dem Gongschlag bei Beginn der Aufführung das Grab Hamlets öffnet und er noch einmal, wie aus einer anderen Welt, sein Schicksal gestaltet»[68], urteilte, laut Gründgens, der Regisseur Jürgen Fehling. Das konnte alles und nichts bedeuten. Privat riß Fehling Witze über das «ar(i)sche Lockengesicht des Primadonnen-Hamlet»[69].

Für viele war Gründgens' Hamlet der Hamlet der neuen Zeit. Bewußt setzte Gründgens die Figur von dem wehleidigen, unter seiner Last zusammenbrechenden Hamlet Alexander Moissis aus der Epoche Max

65

Reinhardts ab. Jede Rolle enthält einen Satz, der der Gestaltung zugrunde gelegt werden kann, zugrunde gelegt werden muß. Hamlet spricht diesen Satz nicht selbst. Der Eroberer Fortinbras sagt über ihn: «... er hätte, / wär er hinaufgelangt, unfehlbar sich / höchst königlich bewährt ...» Diesen heldischen Hamlet hatte Gründgens im Sinn, einen niemals zurückschreckenden, immer aktiven, wachen, verantwortlich handelnden, von Gewissensnöten geplagten Königssohn. Der Rosenberg–Himmler-Gruppe war dieser Nervenmensch mit Singsang in der Stimme, mit merkwürdigen Einfällen zu wenig nordisch, kriegerisch, zu sehr verwöhnter Junge, zu fein organisiert. Sie witterten Sabotage ihrer Bestrebungen, zum Wohle des Volkes eine artgemäße Kunst aufzubauen, und intrigierten. Erfolglos. Sechs Jahre blieb das Stück auf dem Spielplan. Gründgens spielte seinen Hamlet einhundertsechzigmal.

Seine bedeutendste Leistung war nicht sein Hamlet, nicht sein Mephisto und waren nicht seine Inszenierungen, selbst nicht die der «Südfrüchte» und der «Kameliendame», sondern daß er den Regisseur Jürgen Fehling an seinem Haus halten konnte, daß er ihm das künstlerische und technische Material in die Hände gab, auf daß sich seine Kraft und Phantasie frei entfalten konnten, abgeschirmt gegen die Angriffe der Staatstheaterfeinde.

Jürgen Fehling

Der Reichsdramaturg Dr. Rainer Schlösser jedenfalls verließ während der Premiere der Fehling-Inszenierung von Shakespeares «König Richard der Dritte» am 2. März 1937 in der großen Pause das Theater mit der Bemerkung, das sei Kulturbolschewismus, und er, Schlösser, könne nicht verantworten, sich das länger anzusehen. Gründgens und Göring focht das nicht an. Der Reichsdramaturg hatte, von seinem Standpunkt aus, völlig recht gehabt, das Theater zu verlassen. Zwar hatte die Inszenierung nichts mit Kulturbolschewismus zu tun. Zum Bolschewismus wurde von den Nazis alles gestempelt, was ihnen nicht paßte. Das eben ist Faschismus: nur die eigene Meinung, Rasse, Führungsspitze gelten lassen und alles andere in einen Sack stecken und vernichten. Eine Inszenierung mit einer stärkeren, eindeutigeren antifaschistischen Tendenz als die Fehlings von «Richard III.» war nicht vorstellbar. Jede einzelne Szene bedeutete eine Entlarvung der Gewalthaber, Bloßlegung ihrer Methoden, Verlogenheiten, ihres Brutalismus. Das gegenseitige Verleugnen und An-

Jürgen Fehling

schwärzen, Verfolgen und Kopfabschlagen, Machtstreben und Machtmißbrauchen, das demagogische Werben um Wählerstimmen und das Verhöhnen der Opfer verkörperte, zusammengefaßt, dieser hinkende Richard, dargestellt von Werner Krauß, der mit einem Schwert hantierte, das größer war als er selbst, einem Zweihänder. Den Zuschauern wurden mit diesem Richard und seinen Spießgesellen Unmenschen vorgeführt, enthemmte, grauslichen Vorzeiten entsprungene und doch gegenwärtige. Trotz Kettenpanzer und Hellebarden waren es Menschen von heute, modern, in die Gegenwart versetzt, in das Deutschland der dreißiger Jahre. In dieser Inszenierung war das Stück von 1592 eine Abrechnung mit den Nazis, mehr noch, ein Angriff auf sie. Und das ohne textliche Änderungen, die Handlung lediglich etwas zusammengerafft und einige Szenen ineinanderverwoben und in der altehrwürdigen Übersetzung von August Wilhelm Schlegel. Es wurde Shakespeares «Richard III.» gespielt und nichts anderes. Auch kostümlich und dekorativ hielt sich die Inszenierung in der Vorstellungswelt Shakespeares. Äußere Anspielungen auf die Gegenwart durch Kostüme, Masken und Requisiten waren unnötig (und verboten sich auch). Die Aktualität der Aufführung entsprang der Gesinnung des Regisseurs, des Ensembles, des Intendanten. Shakespeares Stück wirkte darüber hinaus prophetisch. Oder war die Welt immer so gewesen? Das Werben Glosters, späteren Königs Richard, um Lady Anna, deren Gatten und Vater er ermordet hat, entsprach dem Zynismus der Machthaber und wurde mit der ganzen Überlegenheit und Menschenverachtung, besonders Frauen gegenüber, demonstrativ ausgespielt. Gloster spielte mit den Menschen wie mit Puppen, sie waren für ihn Mittel zum ehrgeizigen Zweck, zugleich hatte er viel Freude an dem blutrünstigen Spiel. Die Königinnen im 4. Akt, die mit antikischem Geheul ihre von Richard ermordeten Männer, Brüder, Söhne beklagen, wurden von Richard, der mit einer kleinen Truppe in den Krieg zog, immer wieder mit Trommelwirbeln übertönt. Mit Militärgerassel suchten auch die Nazis Klagen und Vernunftgründe zu übertönen, abzuwürgen, zu ersticken. Einer der Höhepunkte, vielleicht der agitatorische Höhepunkt, war der Auftritt eines Kanzlisten kurz vor der großen Pause, eine Soloszene von einer knappen Minute auf der großen, weiten, leeren Bühne. Der Kanzlist zeigte dem Publikum «die Klagschrift wider den Lord Hastings, / den wackern Mann», das Todesurteil, das zu verfassen und ins reine zu schreiben 22 Stunden beansprucht hatte, aber «vor fünf Stunden lebte Hastings doch noch unbescholten, unverhört, in Freiheit. / Das ist 'ne schöne Welt! – Wer ist so blöde / und sieht nicht diesen greiflichen Betrug? / Und wer so kühn und sagt, daß er ihn sieht?» Der Kanzlist, ein kleiner, gequetschter Mann, gespielt von Walter Tarrach, glühte vor Empörung und schrie das Publikum an: «Schlimm ist die Welt, sie muß zugrunde geh'n / wenn man muß schweigend solche Ränke seh'n.» Und rannte von der Bühne. Er hatte auf dem Weg von der Schreibstube zum (Schein-)Parlament in St. Paul auf der Bühne des Staatsschauspiels einen Augenblick halt gemacht, um dem Volk von Berlin den Untergang vorauszusagen. Das war im Staatstheater Gustaf Gründgens' möglich! Im Stück wird die braune Pest

68

besiegt. Richards letzte Worte, oft zitiert: «Mein Königreich für'n Pferd.» Einer mit einer noch größeren Klinge tritt an ihn heran und schlägt ihn, ein ganz banaler Vorgang, tot. Sein Gegenspieler Richmond mit metallischer Schärfe: «Preis Gott und euren Waffen, Freunde, Sieger! / Das Feld ist unser und der Bluthund tot.» Ein paar Sekunden völlige Dunkelheit und Stille. Dann gingen alle Lichter an, auch im Zuschauerraum, und ein gewaltiges Orgelbrausen setzte ein. Die auf der Bühne sanken in die Knie und stimmten ein Tedeum an, einen Siegesgesang, so volltönend, als sei das ganze Haus davon erfüllt, als brause der Erlösungschoral durch die ganze Welt. An einem solchen Abend erlebte man, was das Theater zu geben vermag, was es bedeuten kann.

Werner Krauß als Richard III.

«Richard III.» dokumentierte die Protesthaltung des Staatsschauspiels. Und es gab nur wenige, die das nicht verstanden. Die Presse durfte das nicht auch nur andeuten. Das ganze Gebäude wäre zusammengestürzt. Die Kritiker mußten die Zeitbezüglichkeit ausklammern. Karl Heinz Ruppel in der «Kölnischen Zeitung»: «‹König Richard der Dritte› in der Inszenierung des Staatstheaters ist eine jener Aufführungen, in denen sich, unabhängig von Forderungen, Wünschen und Proklamationen theaterfremder Kulturumstürzler, ein neuer dramatischer Stil rein aus der Arbeit und dem Ringen um das Werk herauskristallisiert. Dieser entsteht nicht aus tastenden Versuchen und unzulänglichem Wollen, sondern nur auf der Grundlage vollendeter praktischer Erfahrung, vollkommen durchdachter künstlerischer Zielsetzung und überragenden Könnens. An Inszenierungen wie ‹Richard der Dritte› wird sich einst die Geschichte des deutschen Theaters in dieser Zeit zu orientieren haben.»[70]

Von «Richard III.» mußte ausführlicher die Rede sein, der Intendant war beteiligt. Er hielt für alles, was sich Fehling einfallen ließ, den Kopf hin, genau wie dieser selbst. So sehr die Theaterwelten Fehlings und Gründgens' auseinanderklafften, Gründgens erkannte die Größe Fehlings, wenn er ihn auch *die genialste Sackgasse der deutschen Bühne*[71] nannte, und Fehling wußte, wem er das ungehinderte Arbeiten verdankte. Zwei unterschiedliche Temperamente gingen eine Symbiose miteinander ein. Der eine wäre ohne den anderen weit weniger bedeutend gewesen. Gründgens begriff, daß Fehlings «Richard III.» ein epochales Ereignis war, von einer Wucht und Größe, die wahrscheinlich nicht wieder erreicht werden würde (und nach dem Urteil von Experten auch nie wieder erreicht worden ist).

Nach Fehling hatte den größten Erfolg Werner Krauß. Krauß, nicht Gründgens galt als der größte Schauspieler der deutschen Bühne. Diese Einschätzung bestätigte er als Richard III. auf Traugott Müllers Raumbühne. Das Innere der Königspaläste wurde markiert durch drei großmaschige Netze, die in Abständen von ca. 10 Metern parallel zur Rampe über die ganze Bühne hingen, bis zum Boden hinunter und mit türartigen Durchlässen seitlich links und rechts und wieder links. Ein übers andere Mal trat Krauß aus der Tiefe der Bühne auf, also von der anderen Seite der Charlottenstraße her, 40 Meter von der Rampe entfernt, und hinkte im Zickzack, den Zweihänder auf der Schulter, hinter sich eine Meute von Trommlern und Lanzenträgern in Kettenhemden, nach vorn auf die Szene, kam dort genau aufs Stichwort an und griff unmittelbar in die Handlung ein. Er hatte alles gehört, was gesprochen worden war, war genau im Bilde, so als hätte er Spürhunde überall, dazu einen sechsten oder siebten Sinn, er wußte stets über alle und alles Bescheid. Die Idee der Netze, der durchsichtigen Palastwände, hatte Fehling aus Hamburg mitgebracht, wo er «Don Carlos» inszeniert hatte. Und nun kam, was Freunde und Kenner des Staatstheaters beinahe vermutet, befürchtet hatten: Gründgens als Richard II. zwischen eben diesen epochalen Netzen, Regie: Jürgen Fehling. Es ist nur vorstellbar, daß Gründgens dazu gedrängt hat. Die Raumbühne, leer, war der denkbar ungünstigste Ort für die leise, lyrische Geschichte eines regierungsunfähigen, selbstverliebten Königs. Eine Kammerspielbühne wäre geeignet gewesen. Nein, es mußten Fehling–Kraußens berühmte Netze sein. Der schöne, weite Raum wurde zerstört. Soffitten mit aufgemalten Wolken oder Deckenbalken wurden herabgelassen und verengten den Raum von oben her. Immer wieder wurde mit Zugbrücken, Thronen, Barrieren und Versatzstücken der Raum verstellt, verunstaltet, ohne daß er intimer, kammerspielgerechter geworden wäre. Entfernt ist die Rolle des zweiten Richard mit der des Hamlet verwandt.

Als Richard II., 1939

Die Selbstbespiegelungen, das Introvertierte, die Selbsthypnose, das um sich selbst Windende, das auch in Monologen zum Ausdruck kommt, hätte dem Naturell des Darstellers entsprochen, geriet ihm aber zu privat. Er blieb, wie oft, neben der Rolle. Nun, er hatte auch hier seine Bewunderer.

Beinahe beruhigend, zu wissen, daß auch der große Fehling gelegentlich Konzessionen machte, er, für den Theater Weltgericht bedeutete. Die Bühne war ihm ein Ort, an dem sich, stellvertretend, bildhaft, das Schicksal der Menschheit entscheidet. Alle großen dramatischen Helden – Antigone, Hamlet, Egmont, Karl Moor, Don Carlos, die Jungfrau von Orléans, die heilige Johanna und die heilige Johanna der Schlachthöfe – haben die Aufgabe, die aus den Fugen geratene Welt in Ordnung zu bringen, die Menschheit vor Verderben und Untergang zu retten. Jedes Drama ist Welttheater, es geht um das Schicksal der Menschheit. Wo Dramatiker den umkehrten Weg gehen und negative Helden wie Richard III. in den Mittelpunkt stellen, wird das Publikum aufgerufen, zum Beispiel von einem Kanzlisten, die Ränke zu durchschauen, die Folgen abzuwenden. Mit jeder Inszenierung suchte Fehling ein Weltganzes zu gestalten, und sehr oft gelang ihm das.

Es war vielleicht kein Zufall, daß er nach «Richard II.» für eine Spielzeit ans Schiller-Theater abwanderte, Intendant: Heinrich George. Er machte dort drei Inszenierungen, um dann zum Staatstheater, zu Gründgens zurückzukehren, in seine wahre künstlerische Heimat. Gründgens zeigte sich von Anfang an versöhnlich. Er war kein nachtragender Charakter. Wie sehr Fehling ihn beschimpft hatte, er vergaß es. Die Verschiedenheit der Naturen schloß in der Zusammenarbeit Spannungen, Mißverständnisse, Zerwürfnisse mit ein. Das Staatstheater ohne Fehling war nur die Hälfte wert.

Einmal noch hat Fehling an Gründgens' Staatstheater die Aggressivität von «Richard III.» wieder erreicht, das Stück gab nicht ganz so viel her, genügte aber, in historischem Kostüm, eine im ganzen beinahe ebenso aktuelle Wirkung zu erzielen. Shaws «Heilige Johanna» mit Käthe Gold in der Spielzeit 1943/44 war Fehlings letzte Inszenierung am Gendarmenmarkt. Die herrschenden Klassen, verkörpert durch ekelhafte Zwerge, infame Politiker, korrupte Priester, chauvinistische Militärs, schläfrige Feiglinge, sadistische Mönche fühlen sich durch ein unschuldiges, heldenhaftes Mädchen aufgestört, überrumpelt, überfordert. Diese Hergelaufene aus Lothringen will den Sturz der Menschheit ins Unglück aufhalten! Sie will Ordnung schaffen. Von den Biedermannsfratzen amphitheatralisch eingekesselt, wird der einzigen Gerechten, die allein auf einem Holzblock sitzt, der Prozeß gemacht. Sie ist lästig und wird verbrannt. Die Inszenierung bot ein Spiegelbild der gesellschaftlichen Verhältnisse und der politischen Situation in jenem Kriegsjahr. Jeder Empfängliche verließ voller Ekel, Empörung und Haß auf die Herrschenden das Theater.

Eine Insel auf dem Gendarmenmarkt

«Heil Hitler!» war verpönt; der deutsche Gruß, die erhobene Hand, galt als geschmacklos. Als Gründgens den Assistenten Otto Kurth engagierte, sagte er zum Abschluß des Gesprächs: ... *und außerdem erwarte ich von Ihnen, daß Sie kein Nationalsozialist sind.*[72] Die Schauspieler mit jüdischen Frauen gehörten dem Gründgens-Ensemble an bis zuletzt. Auch die Ensemblemitglieder Käthe Dorsch (befreundet mit Göring) und Hermine Körner (befreundet mit Emmy Göring) setzten sich immer wieder für gefährdete Kollegen und ihre Angehörigen ein. Als im Herbst 1943 (Beginn der Zerstörung Berlins aus der Luft) auf einer Probe im Schiller-Theater der Schauspieler Paul Wegener äußerte, daß den Deutschen jetzt nur noch der Bolschewismus helfen könne, heimste er sich eine Rüge seines Intendanten George ein. Immer wieder wurden Unvorsichtige wegen Äußerungen abgeholt. Äußerungen war ein gebräuchliches Wort. Jemand war plötzlich verschwunden. Was ist mit ihm? fragte man leise. Der ist weg, hieß es ebenso leise. Weswegen? Wegen Äußerungen. Wegeners Äußerung und Georges Tadel, der einer Drohung gleichkam, sprach sich in Berlin herum, und jeder fürchtete nun auch für Paul Wegener das schlimmste. Was geschah? Gründgens engagierte ihn. Am Gendarmenmarkt war er sicher. Mochte auch Görings Macht nach 1942, nach der verlorenen Luftschlacht über dem Kanal, geschmolzen oder ganz geschwunden sein, seine Theater hatte er noch im Griff. Nach außen hin

Neujahrsempfang 1935 beim Obersten Chef der Preußischen Staatstheater, Ministerpräsident Hermann Göring

Mit dem Reichsminister für Volksaufklärung und Propaganda Joseph Goebbels, 1939

sollte an dem Nimbus des einst zweitmächtigsten Mannes im Staate nicht gekratzt werden.

Das Staatsschauspiel wurde von den Berlinern als Insel empfunden, und Insel nannten auch die Mitglieder des Ensembles ihr Haus.

Das Staatstheater war nicht die einzige Insel. Eine andere war das Deutsche Theater in der Schumannstraße. Herrschte am Gendarmenmarkt der repräsentative Glanz, war das Deutsche Theater Heinz Hilperts auf sanfte, intime Töne gestimmt. Das Deutsche Theater lag versteckt. In der Schumannstraße hinter dem Bahnhof Friedrichstraße klaffte in der Häuserzeile ein Torbogen als Durchgang zum Hof des Deutschen Theaters und seiner benachbarten Kammerspiele. Wer abends in die Schumannstraße ging, konnte sich ein bißchen als Verschwörer fühlen, so sehr abseits von dem offiziellen Getriebe der Reichshauptstadt lagen die Bühnen. Den Gegensatz bildete das wie ein Monument freistehende Staatstheater. «Die Architektur der sämtlichen Façaden», schrieb Baumeister Schinkel, «ist mit möglichster Strenge nach griechischer Art durchgeführt.»

Am Gendarmenmarkt herrschte der prunkvolle, volltönende, rauschhafte Stil, die große Geste, in der Schumannstraße die Bescheidenheit. Es gab Theaterfreunde, die das Deutsche Theater höher schätzten als den Pomp des Staatsschauspiels. Hinzu kam, daß die Bühnen in Abständen von einigen Jahren dieselben Stücke herausbrachten, unter anderen «Richard II.», «König Lear», «Othello», «Wie es euch gefällt». Beide Intendanten inszenierten «Was ihr wollt». Da war Hilperts herbe, sarkastisch bittere Version der süßlich überladenen des Staatstheaters bei weitem vorzuziehen. Den zweiten Richard spielte in der Schumannstraße Rudolf Forster verhalten und in sich gekehrt, als ein an sich selbst zerstörender Intellektueller. 1936 inszenierte am Deutschen Theater Erich Engel «Othello» strikt gegen den herrschenden rassistischen Größenwahn. Der Neger war das große, reine, naive Kind, das von dem Weißen Jago, der Verkörperung des Bösen, genüßlich zugrunde gerichtet wird. Und nach der Generalprobe von «Coriolan» riet man dem Regisseur Erich Engel, sich eine Weile auf dem Lande versteckt zu halten, so kraß gegen das offizielle heldische Grundmodell hatte er den Shakespeare-Feldherrn in Szene gesetzt, als Volksfeind.

Es wird behauptet, daß es Gründgens dem Preußischen Ministerpräsidenten verdankte, wenn er seine Bühnen von Nazieinfluß reinhalten konnte. Die Festlegung auf Gründgens/Göring als einem kooperativen Gespann zur Rettung der deutschen Theaterkultur ist allzu begrenzt. Ohne Göring ging es auch. Das bewies Hilpert in der Schumannstraße. Faßten die am Gendarmenmarkt ihr Theater als Insel auf, so die Hilpert-Leute das ihre als Tempel, Kirche, Loge der Andacht und Selbstbesinnung. Im ganzen Haus durfte kein lautes Wort gesprochen werden. Man sprach in diesen krakeelerisch militanten Zeiten voller Führergeschrei auch in den Büros absichtsvoll gedämpft.

Gründgens wird zugute gehalten, daß der von Goebbels eingesetzte «Reichsbühnenbildner» Benno von Arent am Staatstheater keinen einzigen Auftrag bekam. Gründgens rechtfertigte das damit, daß er ja schon zwei festengagierte Bühnenbildner habe, die beschäftigt werden müßten, Traugott Müller und Rochus Gliese. Später kam Willi Schmidt hinzu, nicht Benno von Arent. Aber der durfte auch am Deutschen Theater nicht arbeiten. Dort waren Ernst Schütte (aus Max Reinhardts Zeiten) und Caspar Neher (Jugendfreund und Mitarbeiter Brechts) für alle großen Aufgaben engagiert, und kleine Stücke, so die Erklärung, konnte man ja einem so großen Künstler wie Benno von Arent nicht zumuten. So einfach war das, wenn man Charakter besaß. Den Dramatiker Hanns Johst blockte Hilpert ab, indem er sein Stück «Der Einsame» aufführte, ein Drama über den Dichter Grabbe, das Johst Anfang der zwanziger Jahre geschrieben hatte, als er in München mit Brecht befreundet war. Der schrieb als Gegenstück zum «Einsamen» seinen «Baal».

Je höher sich einer hinauswagte, je interessanter er sich machte, desto gefährdeter war er. Hilpert überstand die Nazijahre verhältnismäßig ruhig. Einige Male suchten ihn seine Mitarbeiter (vergeblich) zurückzuhalten, wenn er sich für Gefährdete allzu waghalsig einsetzte. Für Gründgens verliefen die Jahre weniger friedvoll. So sicher war die Insel denn doch nicht, daß ihr Chef nicht hin und wieder in Panik geriet. Als Ende Juni 1934 der homosexuelle und machthungrige SA-Führer Röhm mit seinen Spießgesellen, nicht zuletzt auf Betreiben Görings, verhaftet und erschossen wurde, in der Nacht vor einem SA-Treffen ertappt «in wider-

75

natürlichen Stellungen», gestand Gründgens seinem Schutzpatron Göring seine homophile Veranlagung und bat um Entlassung und Möglichkeit zur Emigration. Genußmensch Göring, dem es gleichgültig war, auf welche Weise seine Leute sich privat vergnügten, schickte ihn an seinen Arbeitsplatz zurück. Er war froh, nun endlich, nach so vielen Versagern, einen Mann zu haben, der sein Theater zu führen verstand, er konnte und wollte auf ihn nicht verzichten.

Ende des Jahres bekam es Gründgens wieder mit der Angst zu tun. Seit den Röhm-Morden wurden Homosexuelle immer rabiater verfolgt. Selbst Hitler ließ sie in seinen Reden nicht aus. Gründgens verlor die Nerven und wollte wieder fort. Er schrieb an den federführenden Generalintendanten einen Brief, der wirkliche Adressat war Göring. Gründgens nahm an, Tietjen würde das Schreiben weiterleiten. Das geschah nicht. So hatte der Brief keine praktischen Auswirkungen, dient uns aber als Psychogramm. Am 28. Dezember 1934 schrieb Gründgens in *einem ausgesprochenen Rücktrittsgesuch* unter anderem:

Nie habe ich seine (Görings) *Zuneigung so stark empfunden als in diesen Tagen, wo ich sein Gast sein durfte. Ich habe auch gar keine künstlerischen Gründe; im Gegenteil: ich bewundere seine Einsicht und seinen Takt, seine Hilfe, da wo es not tut, und seine betonte Zurückhaltung in allen rein künstlerischen Fragen.*

Der einzige zwingende Grund sind die wiederholten Aktionen gegen eine

*bestimmte Gruppe von Menschen, mit denen i c h mich keineswegs identifi-
ziere, mit denen man mich aber identifiziert.*

*Und ich würde mich eher in Stücke hauen lassen, ehe ich in dieser Sache
ein Wort zu meiner Verteidigung über die Lippen brächte.*

*Zehn Jahre meines Lebens – in denen die Kunst nur die Hilfe und der
Ausgleich war – galten der Meisterung und Beherrschung meines privaten
Menschen; und daß ein Mensch wie ich durch alles durch muß, um es zu
erkennen, ist klar.*

*Und nur die Tatsache, daß heute alles in meinem Leben strengsten per-
sönlichen Gesetzen unterworfen ist, befähigt mich, auch auf meinen Beruf
diese Gesetzmäßigkeit und Zucht alles Künstlerischen auszudehnen. Nur
die Erkenntnis, die ich im Privaten gewann: Erwirb es, um es zu besitzen,
macht mich brauchbar zur Mitarbeit am Wiederaufbau einer gesetz- und
planlos gewordenen Kunst . . .*

*Ich habe mich im vorigen Februar – schwer genug, wie Sie wissen – ent-
schlossen, mit aller Intensität einzuspringen und ein Kunst-Institut zu retten, das auf dem Wege war sich zu verlieren. Schon damals habe ich Konflikte wie diese vorausgesehen; auch das wissen Sie.*

*Da aber diese Konflikte i n m i r nicht bestanden oder bestehen habe ich
zunächst gearbeitet und meinen Teil am Wiederaufbau des deutschen Theaters geleistet. Ich hatte keine andere Triebkraft als meinen Willen, der Sache
zu dienen, denn dem Menschen brachte dieses neue Amt zunächst nur
Negatives.*

*Ich habe heute die mir gestellte Aufgabe gelöst, mit Hilfe des ständigen
Einsatzes des Ministerpräsidenten. Das Staatliche Schauspielhaus ist da,
wo es hingehört: an der Spitze der deutschen Bühnen.*

*Das soll mich nicht zu Forderungen berechtigen, sondern nur zu der
Frage: Darf ich jetzt gehen? Darf ich jetzt von einem Amt zurücktreten, das
mir eine kaum zu leistende Arbeitslast aufbürdet und als Ausgleich dafür
mich und das Leben meiner Angehörigen immer schwerer gefährdet?*

*Ich bin uninteressant als Schauspieler und Regisseur, doppelt uninteres-
sant, wenn Sie bedenken wollen, daß Tatsachen gegen mich kaum vorlie-
gen.*

*Der Intendant des Staatlichen Schauspielhauses aber ist ein Begriff; ein
Begriff, der immer fester umrissen wird, je führender das Haus, das er
leitet, wird.*

*Und der immer angreifbarer wird! Angreifbarer da, wo er sich n i e wird
verteidigen können und wollen.*

*Bei der heute herrschenden Strömung, die, wie unsichtbar auch immer,
doch an mich herangetragen wird, bin ich für das Haus und die Stellung
nicht tragbar. Ich sehe das ganz hart und klar.*

*Und ich habe vielleicht mit meiner Arbeit eins verdient: daß man mich in
E h r e n gehen läßt.*[73]

Der tiefere Grund dieses offenherzigen Schreibens war zweifellos der
Wunsch, noch sicherer gestellt, noch fester gehalten zu werden. Den Brief
als bloße Diplomatie abzutun, verbietet der ernste Ton des hochsensiblen
Mannes, der sich umlauert, umstellt, bedroht wußte. Wie stark, wie treu

77

Mit Marianne Hoppe auf dem Zeesener See

war Göring, dieser blutrünstige Mann, der vor keiner Gewalttat zurückschreckte, wenn sie seiner Machtentfaltung diente? Diese Frage mußte sich Gründgens jeden Tag aufs neue stellen.

1935 kaufte er das Herrenhaus des ehemaligen Gutes Zeesen am Zeesener See südlich Königswusterhausen. Und hatte da nun ein Refugium, ein Zuhause: Park, Bootshaus, Tennisplatz, Gemüsegarten, Kuhwiese, Pferdestall, Kleinvieh, einen frei umherlaufenden Esel, Hühner. Und mit viel Platz für Gäste! Dieser Solist hat immer viele Menschen beherbergt. Er war ein Kümmerer. In Zeesen konnte er sich als Gutsherr fühlen. Seine Mutter, die einzige Frau, die er geliebt hat, besorgte ihm wie schon in Berlin den Haushalt. Angst, Verkrampfung wichen in Zeesen, wenn keine offiziellen Besucher ihn störten. In Zeesen konnte er die Maske fallen lassen und er selbst sein. Dann war er locker, entspannt, erholte sich. Auch Zeesen war eine Insel. Für Frau Gründgens währte das Glück nur ein Jahr. 1936 starb sie. Wenig später heiratete Gründgens die Schauspielerin Marianne Hoppe, eine freundschaftliche Verbindung und taktische Maßnahme, die auch dem Ministerpräsidenten gefiel. Gründgens' Hochzeitsgeschenk war ein Filmexposé nach Fontanes Roman «Effi Briest». Der Film, Gründgens' bester, konnte unter dem Titel «Der Schritt vom Wege» erst 1939 gedreht werden. Effi Briest: Marianne Hoppe.

Im Ausland wurde der Lebensweg des Gustaf Gründgens mit besonderer Aufmerksamkeit verfolgt – soweit man, aus der Entfernung, dazu in der Lage war. Manches geriet ins Blickfeld der Emigranten verspätet und verzerrt. Gründgens' Karriere war den meisten verdächtig, obszön. Eine Zeitlang kursierte das Gerücht, er studiere Hitler die Reden ein. Sein ehemaliger Schwiegervater Thomas Mann hatte schon am 21. August 1934 nach einem Zusammentreffen mit amerikanisch-deutschen Filmleuten in Zürich in sein Tagebuch geschrieben: «Geschichte von Gründgens' Ernennung zum Intendanten auf höchsten Wunsch. Der Beschluß auf einer Gesellschaft bei Hitler 4 Uhr morgens gefaßt ... Hitlers Faible für ihn wird erotisch gedeutet.» [74] Am 6. März 1936 notierte sich Thomas Mann: «Das Leiden im Lande, die Vergrämung, das Aussehen Furtwänglers. – In Blüte steht Gründgens mit 120000 Mark Einkommen, Lebensführung eines Landedelmannes, Landgut mit Pferden etc. Gegen Rosenberg, der ihn verfolgt, deckt ihn Göring, erwirkt ihm Empfang beim Führer mit großer Presse-Aufmachung, bevor R. in einer Versammlung gegen ihn spricht.» [75] Und am 20. April 1936: «In der ‹Prager Presse› die Nachricht, daß G. Gründgens sich im Konz.-Lager befinde.» [76] Was war geschehen?

Nach der «Hamlet»-Premiere hatte Göring für seinen Schützling eine Audienz bei Hitler bewirkt, und obgleich nur belangloses Zeug geschwatzt wurde, buchte Göring diese Begegnung im Februar 1936 als einen Erfolg über Goebbels. Gründgens fuhr danach für vier Wochen nach Sizilien zur Erholung, Gelegenheit für seine und Görings Feinde, das Gerücht auszustreuen, er sei emigriert, nicht zuletzt wegen seiner homophilen Praktiken. Sie suchten ihm den Rückweg abzuschneiden. Die Gründgens-Freunde arbeiteten dem Gerücht entgegen. Herbert Jhering wies in einer mit vollem Namen unterzeichneten Notiz im «Berliner Tageblatt»

79

darauf hin, wie wichtig, ja unentbehrlich Gustaf Gründgens für das Berliner Theater sei, und daß er, nachdem er seine angegriffene Gesundheit wiederhergestellt habe, ganz sicher zurückerwartet werde. Er kam auch zurück, und sein erstes Auftreten, als Hamlet, wurde vom Publikum mit Ovationen gefeiert. Diese Anteilnahme der Zuschauer war ein Politikum. Der Kampf ging weiter. Ohne Gründgens mit Namen zu nennen, wurde seine Hamlet-Interpretation als intellektuell (damals ein Schimpfwort) und dekadent, neurasthenisch, als bewußt antinationalsozialistisch denunziert und abgelehnt, und das in einem ganzseitigen Artikel im «Völkischen Beobachter», dem offiziellen Organ der NSDAP, Chefredakteur Alfred Rosenberg. Gründgens fuhr sofort zu Freunden nach Basel und ließ, als er über die Grenze war, Göring sein Kündigungsschreiben überreichen. Das war der Zeitpunkt, an dem ihn die «Prager Presse» im KZ vermutete. Göring rief ihn telefonisch zurück, wobei er die ehrenwörtliche Garantie für seine Sicherheit übernahm. . . . *wieder in Berlin, ging ich sofort zu Göring. Dort wurden mir aus der gegenüberliegenden Prinz-Albrecht-Straße* (Gefängnis der Gestapo) *die zwei Redakteure des «V. B.» vorgeführt, die sich sofort in langen Entschuldigungen ergingen und beschworen, sie hätten mich in dem fraglichen Artikel nicht gemeint, sondern einen früheren Hamlet-Darsteller, Alexander Moissi. Das Ganze war so dumm und widerlich, daß ich nur dringend bat, die Burschen in Freiheit zu setzen, weil mir diese Festsetzung eine weit über das Maß hinausgehende Demonstration schien, die ich mißbilligte. Göring beschwor mich, zu bleiben, ihm alle Forderungen zu sagen, die ich hätte und die zu erfüllen er bereit sei. Wieder betonte er, er würde meine Familie und meine näheren Freunde nicht schützen können, wenn ich wegführe. Er würde schon ein Mittel finden, zu verhindern, daß sich solche Angriffe wiederholten. Ich bat mir Bedenkzeit aus und versprach, am nächsten Tag noch einmal mit ihm zu sprechen. Ich fuhr daraufhin zu meinem Arzt Dr. Hanns Mauss, Kaiserdamm 45. Das kann um 5 Uhr gewesen sein. Als ich kurze Zeit bei Dr. Mauss war, fuhr unten ein Wagen der SS vor. Ihm entstiegen zwei SS-Leute, die an der Wohnung von Dr. Mauss klingelten und nach mir fragten. Ich war überzeugt, daß ich verhaftet werden sollte, und sagte zu Dr. Mauss: «Also das ist Görings Ehrenwort!» Tatsächlich überbrachten mir die Männer einen Brief Görings . . . Während ich den Brief öffnete, kam Frau Dr. Mauss in das Ordinationszimmer ihres Mannes und sagte mir: «Herr Gründgens, ich gratuliere Ihnen. Ich habe eben im Rundfunk gehört, daß Sie Staatsrat geworden sind.» Der Brief, den wir dann gemeinsam lasen, enthielt diese Mitteilung, die Göring gleichzeitig durch den Rundfunk hatte verbreiten lassen, um mich vor eine vollendete Tatsache zu stellen.*[77] Der Brief:

Mein lieber Intendant Gründgens!
Nachdem vor einigen Wochen der Führer und Reichskanzler Ihnen für Ihre Leistungen als Intendant, Regisseur und Schauspieler Worte höchster Anerkennung ausgesprochen hat, ist es auch mir ein Bedürfnis, Ihnen meinen Dank und meine Anerkennung zu beweisen. Ich berufe Sie

mit dem heutigen Tage in den Preußischen Staatsrat. Ich vollziehe die Berufung in dankbarer Würdigung Ihrer Arbeit, mit welcher Sie das preußische Staatliche Schauspielhaus zur führenden Bühne Deutschlands gemacht haben. Ich weiß, daß neben der hervorragenden Mitwirkung des ausgezeichneten Ensembles es in erster Linie Ihrer unermüdlichen Einsatzbereitschaft zu danken ist, wenn heute das Staatsschauspielhaus wieder die Stellung erreicht hat, die diese Bühne zum Vorbild aller deutschen Theater macht.

Mit dieser Ernennung zum Preußischen Staatsrat bringe ich gleichzeitig zum Ausdruck, wie wichtig im nationalsozialistischen Staat die Pflege der darstellenden Kunst ist. Sie sollen weiter an der Förderung dieser Kunst mitarbeitend und mitratend in diesem Amte mir zur Seite stehen.

Heil Hitler! Hermann Göring, Ministerpräsident [78]

Über nichts hat mehr Unklarheit geherrscht als über diese Ernennung zum Staatsrat. Jedenfalls hat Gründgens bei Göring protestiert. Der erklärte ihm, die Berufung sei zu seinem Schutz geschehen. Als Preußischer Staatsrat könne Gründgens nur von ihm selbst oder mit seinem Einverständnis verhaftet werden. Im übrigen war mit dem Titel keinerlei Arbeit verbunden. Die Körperschaft, in die Göring als ihr Präsident neben Staatsministern und Staatssekretären Führer der NSDAP, SA und SS, aber auch Persönlichkeiten aus Kirche, Wirtschaft, Wissenschaft und Kunst berufen konnte, trat niemals in Aktion. Dafür bekam ein Preußischer Staatsrat jährlich 12 000 Mark Aufwandsentschädigung, wenn er aber in Berlin wohnte nur 6000 Mark.

Den neuen Staatsrat besuchte in seinem Büro in der Oberwallstraße am 8. Juni 1936 Herbert Jhering. Dem Kritiker drohte Kritikverbot. Begründung: Er habe 1922 dem Juden Bertolt Brecht den Kleist-Preis verliehen. Jhering stellte das richtig. Brecht war kein Jude. Ohne Erfolg. Jhering mußte den Presseausweis abgeben. Er bat Gründgens, sich für ihn zu verwenden. Gründgens schrieb einen Brief an Johst. Kritikverbot für Jhering würde unnötig Staub aufwirbeln, auch im Ausland. Das war die Begründung, nicht daß Jhering, als Kritiker ein Mitgestalter der deutschen Bühnenkunst, für das Theater wichtig sei. Johst versprach, die Angelegenheit weiterzuleiten. Nichts geschah. Einige argwöhnten, Gründgens selbst habe Jherings Kritikverbot bewirkt. Ein Verdacht, wahrscheinlich völlig unbegründet. Doch das Gerücht hielt sich. Jeden Morgen rief Gründgens bei Jhering an und fragte, ob die Sache eingerenkt sei. Auch diese Anrufe wurden als Beweis für eine Intrige ausgelegt. Viele ihm sonst durchaus nicht Übelwollende trauten ihm das zu. Auch das gehört zum Gründgens-Bild.

Als Staatsrat fühlte er sich tatsächlich sicherer. Zu Beginn der Spielzeit 1936/37 inszenierte er «Hans Sonnenstößers Höllenfahrt» von Paul Apel. Er kannte das Lust-, Traum- und Zauberspiel von Hamburg her und arbeitete es nun für seine Zwecke vollständig um. Damals hatte er die zweite Hauptrolle gespielt, den Komödianten Albert, die nun Theo Lingen übernahm, er selbst spielte den Hans Sonnenstößer, einen jungen Dichter

81

Mit Käthe Dorsch, Hermine Körner und Marianne Hoppe

und Bohemien im Kampf mit der ihn malträtierenden, spießigen, sauertöpfischen Umwelt. Im Traum triumphiert Hans Sonnenstößer-Gründgens über diese Rasselbande. Der Regisseur Gründgens und sein Bühnenbildner Rochus Gliese sparten «Prospekte nicht und nicht Maschinen». Gründgens, außer Rand und Band, ein Super-Star, genoß in der Rolle des Hans die Rache an seinen Widersachern, kühlte sein Mütchen an den kleinkarierten Muckern und Verleumdern, den Spaßverderbern, und alles, fast alles, was gesagt und getan wurde, nahm bezug auf die kürzlichen Ereignisse, Persönliches und Theater gingen ineinander über, viele Pointen waren nur Eingeweihten verständlich. Höhepunkt des surrealistischen Spaßes mit Tanz und Musik: Sonnenstößer-Gründgens, nachdem er in einem südlichen Traumland Lieschen Schmidt, eine spießige Göre, zum Entzücken penetrant gespielt von Käthe Gold, umgebracht hat, tänzelt an der Rampe entlang, zwinkert komplicenhaft dem Publikum zu und frohlockt mit Hinweis auf seine Veranlagung und seinen Urlaub im Süden, er, nur er wandle ungestraft unter Palmen! Über solch hybride Frechheiten waren die Ansicht selbst seiner Freunde geteilt. Nicht wenige waren entsetzt, daß er seinen Feinden neue Angriffsmöglichkeiten bot und damit auch seine Freunde bloßstellte. Aber so war nun einmal Gustaf, der Spieler. Er forderte heraus. Mal kalte Füße, mal Hitzkopf. Ohne Einsatz und Risiko lohnte sich das Ganze nicht.

Im selben Jahr spielte er noch in den nun schon bekannten Strumpfhosen den Don Juan in «Don Juan und Faust» von Grabbe, Regie Fehling. 1937 war das Jahr seiner Inszenierungen von «Was ihr wollt», «Emilia Galotti» und der «Kameliendame». Der nächste Schock traf ihn Anfang Januar 1938. Der inzwischen zum Generalintendanten ernannte Staatsrat beschäftigte, wie erwähnt, einen halbjüdischen Sekretär und Referenten: Erich Zacharias-Langhans. Dieser Intimus, dem er vieles verdankte, zum Beispiel die Fähigkeit, mit Geld umzugehen, kam eines Morgens nicht ins

Mit Käthe Gold in «Hans Sonnenstößers Höllenfahrt», 1936

*Als Don Juan in
«Don Juan und Faust» von
Christian Dietrich Grabbe, 1936*

Büro. Er war von der Gestapo verhaftet worden. Später wurde diese Verhaftung mit Klaus Manns «Mephisto» in Verbindung gebracht. In diesem Schlüsselroman, Hauptperson Gründgens, kommt auch Langhans vor, mit denunziatorischer Genauigkeit vorgestellt. «Mephisto» aber erschien im Amsterdamer Emigrantenverlag Querido schon Mitte 1936. Einige Exemplare wurden eingeschleust und kursierten von Hand zu Hand. Dieser Roman, so sehr er verletzen sollte, spielte im Leben von Gustaf Gründgens so gut wie keine Rolle. Gründgens tat das einzig richtige, er ignorierte ihn.*

Aber gewiß landete ein Exemplar auch bei der Geheimen Staatspolizei. Sollte ihr Chef Heydrich anderthalb Jahre gewartet haben, Langhans zu verhaften? Oder war mal wieder ein Angriff auf Gründgens fällig? In Theaterkreisen glaubte man zu wissen, Langhans habe seine homosexuellen Praktiken allzu unvorsichtig ausgeübt. Göring brachte auch das in Ordnung. Langhans konnte zu Verwandten nach Südamerika emigrieren.

1938 war ein Jahr wachsender Judenverfolgungen, und zeitweilig versteckten Schauspieler ihre jüdischen Frauen in den Künstlergarderoben auf der Theaterinsel. Gründgens, ohne dessen Anordnung oder Einwilligung in seinen Häusern nichts geschah, wich nie zurück. Nur ein Mensch von hoher Empfindsamkeit konnte spüren, wie weit er gehen konnte, ohne die ihm Anvertrauten, ohne die Insel zu gefährden. Auch das war Spiel: klüger zu sein als die Nazis, schlauer als die Militärs, mit mehr Übersicht und Weitblick als sie alle. Um diese Zeit litt er immer stärker an Migräneanfällen, das ging bis zu vorübergehender Arbeitsunfähigkeit. Als die Uniformierten des «Kulturkreises» der SS ihre Angriffe, mehr mit Nadelstichen als mit Keulenhieben, wieder aufnahmen, ordnete er an, daß er im Hause mit Herr Generalintendant, außerhalb mit Herr Staatsrat angeredet werden müsse. Er umgab sich mit den Titeln wie mit Gittern. Für seine Mitarbeiter und sein Ensemble blieb er natürlich «Chef» und sonst nichts. Er bestand darauf, sich selbst nicht verändert zu haben. *Ich glaube nämlich nicht, daß das Amt den Menschen, sondern daß der Mensch das Amt ausmacht.*[79]

In den folgenden Jahren wurde die Insel nicht nur von außen bedroht, sie lief auch Gefahr, von innen ausgehöhlt zu werden, jedoch in weit geringerem Maße und nur sporadisch. Niemand kann sich vollständig abkapseln, und es scheint, als sei der Chef in den ersten Kriegsjahren, zur Zeit der Blitzsiege, gegen das allesbeherrschende militante Wesen nicht ganz immun gewesen. Die Versuchung, vor einem Parkett von Diplomatenfräcken und Generalsuniformen zu spielen, trat im Frühjahr 1940 an ihn heran. Nur zweimal im Laufe der zehn Jahre seiner Intendanz griff der Oberste Chef der Preußischen Staatstheater in den Spielplan ein. 1938 hatte er befohlen, die Proben zu Strindbergs «Rausch» abzubrechen und das Stück endgültig zu begraben, und nun kam aus dem Präsidentenpalais am Leipziger Platz die Weisung, in drei Wochen Mussolinis und Forzanos historischen Bilderbogen «Cavour» aufzuführen. Zu nächtlicher Stunde

---

* Nach Klaus Manns Selbstmord 1949 setzte seine Schwester Erika alles daran, einen Verleger zu finden, stieß aber auf Zurückhaltung, Desinteresse. Die Verleger wollten sich mit dem Weltstar nicht anlegen. 1956 brachte der Ost-Berliner Aufbau-Verlag den «Mephisto» in einer einmaligen Auflage heraus. Nach Gründgens' Tod 1963 verhinderte Adoptivsohn Peter Gorski eine Herausgabe in der Bundesrepublik durch Gerichtsbeschluß. 1981 setzte sich der Rowohlt-Verlag über das Verbot hinweg, und «Mephisto» wurde ein Bestseller.

berief der Generalintendant einen Krisenstab ein, aber doch wohl nur, um den Herren Mühr und von Naso kundzutun, daß er das nicht nur selbst inszenieren, sondern auch die Hauptrolle spielen werde! Camillo, Graf von Cavour (1810–61), Schöpfer des italienischen Nationalstaates, war aber ein ganz anderer Typ als der Nervenmensch Gründgens: in sich gefestigt, blockhaft kompakt und nahezu unempfindlich. Mehrere Stunden benötigten die Berater, den Chef von der Schnapsidee abzubringen. Zum Schluß gab er nach, fühlte sich aber um sein bestes, um die Möglichkeit neuer Triumphe betrogen. Werner Krauß war dann unter seiner Regie ein glaubwürdiger, sogar porträtähnlicher Cavour. Die festliche Premiere war am 9. Mai. Vier Wochen später griff Italien in den Zweiten Weltkrieg ein.

Im Frühjahr 1941 – Görings Luftwaffe in Aktion: in der ersten Mai-Woche werfen 625 Flugzeuge 805 Tonnen Sprengstoff und 100 Tonnen Brandbomben auf Liverpool-Birkenhead – wird dem Staatstheater «Alexander» von Hans Baumann angeboten, ein Eroberungsdrama, aber von einigem Niveau, so daß es die Intendanz nicht ablehnen kann. Gründgens übernimmt in der eigenen Inszenierung die Rolle des strahlenden jungen Helden, und zwar mit der Begründung, daß er seine Mitarbeiter mit dem Stück eines Nationalsozialisten nicht belasten wolle. Für die zweite Hauptrolle wird als Gast Mathias Wieman engagiert und für das Bühnenbild der Architekt Egon Eiermann.

Am 21. September 1941 – der Krieg dauert zwei Jahre; in der Nacht vom 12. auf den 13. September hatten 111 britische Flugzeuge 125 Tonnen Bomben auf Frankfurt am Main abgeworfen; die Heeresgruppe Mitte bereitet sich auf die Eroberung Moskaus vor – hält Gründgens im Münchener Ärztehaus bei der Tagung des Auslandsamtes der Dozentenschaft der deutschen Universitäten und Hochschulen eine Rede über *Das künstlerische Erleben des Schauspielers*. Darin führt er aus: *Noch ist der Ausdruck des heutigen Theaters nicht einheitlich, wie es die verschiedenen in ihm vertretenen Generationen noch nicht sind. Schon aber zeichnet sich deutlich der Weg ab, den das Theater gehen wird. Und gerade der Krieg nimmt das künstlerische Erleben des Schauspielers in seine harte Schule. Es wird Sie nicht überraschen, wenn ich Ihnen von mir persönlich sage: mein stärkstes künstlerisches Erlebnis der letzten Jahre war eine Wehrmachtstournee, die ich unternahm. In einem Kriege, der um Sein und Nichtsein der Existenz von fast hundert Millionen Deutschen geht, vor den Krieger hinzutreten und ihm den Schein des Lebens vorzuspielen – ihm, der das Leben selbst in blutigsten Gefechten eingesetzt hat, das ist eine unerbittliche Probe auf die Wahrhaftigkeit unserer Kunst. Hier muß unsere Wirklichkeit – die Wirklichkeit des holden oder großartigen Scheins – gegen die Wirklichkeit des kriegerischen Erlebnisses und seine Kämpfer bestehen. Da gibt es keine billige Anbiederung, kein Augenzwinkern, kein Beiseiteflüstern. Da muß gedient und bekannt werden, wie dieses Publikum auf den Schlachtfeldern gedient und bekannt hat. Augen, die den Tod gesehen haben, blicken scharf. Und es bedarf einer strengen Disziplin des Darstellers, wenn es ihm aufgegeben ist: vor Soldaten den Soldaten zu spielen oder vor dem Krieg den Krieg. Hier wird besonders deutlich, wenn ich sage: Es darf immer nur die Idee des Darzustellenden, das Allgemein-Gültige gespielt werden – also hier nur die Idee des Soldatischen, die Idee des Krieges.*[80] Hier hatte sich der Antifaschist vergaloppiert. Der Krieg wurde als etwas Selbstverständliches in Kauf genommen, ohne Klage und Anklage. Und was hieß es, daß es um *die Existenz von fast hundert Millionen Deutschen* ging? Ging es nicht auch um die Existenz von anderen Völkern? Und was ist mit dem *Weg, den das Theater gehen wird*? Die Wiedergeburt der deutschen Kunst aus dem Fronterlebnis? Und die Toten? Die hatten nun gar kein Fronterlebnis mehr. Sie standen für die Erneuerung der deutschen Theaterkunst nicht mehr zur Verfügung. *Da muß gedient und bekannt werden.* Wem dienen und was bekennen? Das waren doch die Phrasen, die seine Gegner seit zehn Jahren ausposaunten!

Der Höhepunkt war überschritten. Moskau wurde nicht erstürmt. Der Luftkrieg mit England ging verloren. «Ohm Krüger» wurde gedreht. Gründgens' Beteiligung an diesem antianglikanischen Streifen, der auf die Engländer als Erfinder der Konzentrationslager (1901 im Burenkrieg) hinwies, gehört in das politische Kapitel «Insel», nicht in das über Filme. Die Titelrolle spielte Emil Jannings, der vergeblich versucht hatte, das Drehbuch zu entschärfen. Die Rolle des Lord Chamberlain war von Goebbels, dem Initiator des Films, Gründgens zugedacht worden, Honorar für sechs Tage Drehzeit 80000 Mark. Gründgens lehnte wegen Arbeitsüberlastung ab. Goebbels bestand darauf. Göring war machtlos. Das Filmwesen unterstand dem Propagandaminister. Gründgens entsann sich, daß er Preußischer Staatsrat war und machte zum ersten- und einzigenmal von dieser Würde Gebrauch. Als Staatsrat standen ihm ein Dienstwagen mit Chauffeur und zwei Adjutanten im Range von Majoren der Luftwaffe zu! Also ließ er sich wie zu einem Staatsakt zum Filmatelier fahren, und es war dort jedem untersagt, den Herrn Staatsrat persönlich anzusprechen. Die Anweisungen des Regisseurs Hans Steinhoff, mit dem er schon zwei Filme gedreht hatte, mußten durch den Adjutanten Fehring übermittelt werden. Nicht als Schauspieler, nicht als Intendant des Staatstheaters hatte er die Rolle des Lord Chamberlain übernommen, sondern der Preußische Staatsrat Gründgens kam einem Befehl aus dem Propagandaministerium nach. Er suchte die Rolle zu mildern, sogar gegen den Strich zu spielen, aber das merkten am Ende nur Insider. Das Honorar überwies er einem Fond für gemeinnützige Zwecke. Gründgens' Verhalten sprach sich herum. Nicht nur in Theater- und Filmkreisen. Da waren in den Ateliers außer den Schauspielern stets Scharen von Technikern. Die berichteten, wie der Adjutant zwischen Regisseur und Darsteller mit den Regieanweisungen wie mit Meldungen in einem Kriegsgebiet hin und her flitzte. Und immerzu mußte militärisch gegrüßt werden. Viele, die dem Virtuosen kritisch gegenüberstanden, waren nun voller Bewunderung über diese antifaschistische Kundgebung im Filmatelier.

Filme

Mit seinen Filmen hatte Gründgens wenig Glück. Es war nicht sein Metier. Den Lord Chamberlain in «Ohm Krüger» suchte er noch im selben Jahr wettzumachen durch «Friedemann Bach», den sein Bühnenbildner Traugott Müller inszenierte. Gründgens als der älteste Sohn von Johann Sebastian, als gefährdetes Genie, das sich wieder aufrafft und zum guten Schluß, verklärt, in Schönheit stirbt. Es blieb wie immer bei solchen Rollen bei der Bemühung. Unter einer romantisch verwuschelten Genieperücke, großäugig erschreckt über das, was das Schicksal ihm zumutete, suchte er Genialität durch fahriges Wesen und dann wieder durch maskenhafte Starre darzustellen. Einige Kritiker sind der Ansicht, Gründgens sei in die apollinischen Heldenrollen hineingezwungen worden. Es war aber so, daß er sich im Film und auf der Bühne zu ihnen gedrängt hat, bestrebt, als begehrenswerter junger Mann, als Held und Beau zu erscheinen. Sein Filmruhm gründete sich allerdings auf die Gentlemen-Verbrecher, Intriganten und Ganoven, die ihm nach seinem Erfolg in Bruckners «Verbrecher» 1928 im Deutschen Theater angeboten wurden, er spielte sie, angeblich, nur um nicht zu verhungern. Später hat er oft genug erklärt, daß er diese Rollen gehaßt hat. Aber er spielte sie mit einer derartigen Intensität, daß der, der ihn sonst nicht kannte, annehmen mußte, sie seien seine eigentliche Domäne. Niemand, der den Film «M» von Fritz Lang gesehen hat, wird Gründgens in den wenigen Sequenzen als Schrän-

Mit Jenny Jugo und Käthe Haack in Erich Engels Film «Pygmalion», 1935

*In Fritz Langs
Film «M», 1931*

ker vergessen; oder wer sich an Max Ophüls' Film «Liebelei» erinnert, dann vor allem an Gründgens' Baron Eggersdorf, ebenfalls nur eine einzige Szene, aber gespielt mit einer Zwielichtigkeit und Schärfe, berstend vor Eifersucht und Rachgier, daß so manchem Betrachter nur dieser Auftritt aus dem Film in Erinnerung blieb, obgleich er auch im ganzen ein Meisterwerk war. Die suggestive Wirkung, die von Gründgens in vielen heute leider vergessenen Filmen ausging, hat er nur noch einmal erreicht: als Professor Higgins in Shaws «Pygmalion», den 1935 Erich Engel inszenierte. Gegen das Drehbuch hat er sich zunächst gewehrt, denn das sei vornehmlich auf Jenny Jugo, die Darstellerin der Eliza, zugeschnitten, das Stück und wohl auch der Film hießen aber «Pygmalion», und Pygmalion sei Higgins. Nach den Dreharbeiten hat Gründgens geseufzt, er habe gegen den Regisseur nur 10 Prozent seiner Intentionen durchsetzen können. Na, Gott sei Dank! sagten da viele. Erich Engel, nach Jürgen Fehling der stärkste deutsche Regisseur, ließ ihm seine Geziertheiten nicht durchgehen. Jedenfalls war dieser Higgins sehr witzig, elegant, etwas verrückt, ein liebenswerter Egozentriker, charmant, geistreich. Gründgens wäre

auch ein brillanter Mackie Messer gewesen. Er hat ihn nie gespielt, obwohl er die ganze «Dreigroschenoper» auswendig wußte und sämtliche Songs frei vortragen konnte.

Sein Unglücksregisseur war Hans Steinhoff, dem er auch seinen beschämendsten schauspielerischen Reinfall verdankte: 1938 als Deburau in «Tanz auf dem Vulkan», einem reaktionären Machwerk um den revolutionären französischen Schauspieler. Im Mittelpunkt stand das Chanson

«Die Nacht ist nicht allein zum Schlafen da» (sondern auch zur Rebellion, zum Aufstand, zum Zuschlagen), das der Preußische Staatsrat im Stile eine Revuestars vortrug, zuletzt zwischen brennenden Trümmern im Nachthemd umhertanzend. Als Gründgens den fertigen Streifen sah, überlegte er, ob er ihn verbieten lassen sollte, konnte aber nur die Urauf-führung bis 1941 hinauszögern, da interessierte er ihn nicht mehr, andere Peinlichkeiten waren in den Vordergrund getreten, schlimmere: «Ohm Krüger». Er selbst hat nur drei Filme inszeniert, obgleich er das Hand-werk auf Anhieb beherrschte:

1934 «Die Finanzen des Großherzogs», eine musikalische Gaunerko-mödie, tänzerisch beschwingt, leichte Kost mit Viktor de Kowa und Heinz Rühmann; 1937 «Capriolen», eine etwas verrückte Gesellschafts-komödie, überdreht, vieles den Amerikanern und Franzosen abgeguckt, die Einfälle überlagerten sich, nichts wurde ernst genommen; in den Hauptrollen das Ehepaar Hoppe–Gründgens; 1939 «Der Schritt vom We-ge» nach Fontanes «Effi Briest». Der Regisseur setzte den Roman in Film um, tastete ihn ab, ließ auch die märkische Landschaft mitspielen, die Dialoge wurden originalgetreu gesprochen. Der Regisseur erlaubte sich keine «Auffassung», er hielt sich an das dichterische Meisterwerk, und darum wurde auch der Film mit Marianne Hoppe als Effi ein Meister-werk.

Nach dem Krieg hat er sich nur einmal im Film versucht, als Boling-broke in Helmut Käutners allzu schamlos nach der Kasse schielendem «Glas Wasser». Seinen Faust-Film von 1961 kann man nicht zu den Fil-men rechnen, er ist die Aufzeichnung einer Theateraufführung.

Der Fall Ernst Busch

1943 lief eine Geschichte durch Berlin, die man allzugern weitererzählte. Es hieß, den Schauspieler und Sänger Ernst Busch habe die Gestapo in Frankreich gefaßt, in das Moabiter Untersuchungsgefängnis eingeliefert und des Hochverrats angeklagt. Auf Hochverrat stand die Todesstrafe. Gründgens meldete sich bei seinem Chef, der als Preußischer Minister-präsident auch Oberster Gerichtsherr war. Busch, soll ihm Gründgens klarzumachen versucht haben, sei zwar Kommunist gewesen, aber ein ehrlicher, gläubiger, im Grunde naiver, keiner von der Sorte, die nur Macht anstrebten und sich bereichern wollten. Einen solchen Idealisten, zudem großen Künstler, dürfe man nicht hinrichten. Diesmal soll Göring puterrot angelaufen sein und den Bittsteller aus dem Zimmer gebrüllt haben. Ob die Story stimmt, weiß man nicht. Damals glaubte man sie gern, hielt sie für möglich, sogar wahrscheinlich.

Gemeinsam mit Gründgens war Ernst Busch am Stadttheater Kiel en-gagiert gewesen, in Berlin hatten sie zusammen getingelt, in Revuethea-tern gearbeitet. Busch, der im Berlin der zwanziger Jahre sogleich, ohne Anlauf, Protagonist an der Volksbühne am Bülowplatz und an den Thea-tern Erwin Piscators geworden war, rühmte sich später besonders gern

Ernst Busch

seiner Kabaretterfolge. Er brachte, zum anfänglichen Entsetzen der Direktoren, zeitkritische Chansons. Platten mit seinem «Stempellied», der «Ballade von den Säckeschmeißern» und dem Revolutionssong «Roter Wedding» wurden in der Nazizeit wie Kleinode gehütet. 1933 mußte Busch, eingeschriebenes Mitglied der KPD, emigrieren. Er spielte am Züricher Schauspielhaus, aktivierte sich als Propagandist im spanischen Bürgerkrieg, wurde 1939 von den Franzosen in ein Lager für deutsche Antifaschisten gesteckt. 1942 floh er, wurde an der Schweizer Grenze gefaßt und der Gestapo ausgeliefert. Sieben Monate saß er in Moabit und wartete auf seinen Prozeß.

«In dieser furchtbaren und aussichtslosen Lage, in der ich mich befand, fand ich nur bei e i n e m früheren Kollegen in Berlin Verständnis und Mitgefühl. Es war der damalige Intendant der Berliner Staatstheater Gustaf Gründgens.» So Ernst Busch in einer von einem Notar gegengezeichneten Urkunde am 25. November 1945. «Gründgens hat sich nicht gescheut, um mir zu helfen, dem Kammergericht eine schriftliche Erklärung einzureichen, in der er mich wahrheitswidrig als völlig unpolitisch hingestellt hat, und in der er für mich eingetreten ist. Was er damit in seiner Stellung riskierte, wird jedem klar sein, der weiß, wie ich im Ausland gegen den Faschismus gearbeitet habe, und weiß, wie die Gestapo mit Leuten umzugehen pflegte, die sich für Kommunisten einsetzten. Gründgens tat dann aber noch ein übriges. Er wandte sich an seinerzeit in Berlin sehr einflußreiche Rechtsanwälte, nämlich an das Büro der Rechtsanwälte Voss, Suren und Sozien, welche neben dem Pflichtverteidiger, Herrn Rechtsanwalt Flügel, damals Berlin W., Potsdamerstr. 137, für mich als Wahlverteidiger auftraten und auch von Herrn Gründgens bezahlt wurden. Diese Rechtsanwälte kamen auf eine juristische Idee, die mir tatsächlich das Leben gerettet hat. Sie machten nämlich vor dem Kammergericht geltend, daß ich bereits am 27.4.1937 von den Nazis ausgebürgert worden war und daher seit diesem Zeitpunkt als staatenlos anzusehen sei (Reichsanzeiger Nr. 90, Liste 13, gemeinsam mit Bert Brecht und Willi Bredel). Infolgedessen könne ich nicht unter die erst später in Kraft getretenen scharfen Hochverrats- und Landesverratsbestimmungen fallen, welche die Todesstrafe für mein angebliches Verbrechen vorsehen, da ich ja zur Zeit, als diese Strafgesetze erlassen wurden, nicht mehr deutscher Staatsangehöriger war. Vielmehr könne auf mich nur das damalige geltende Strafrecht Anwendung finden, das für kommunistische Betätigung mildere Strafen vorsah. Es mutet heute geradezu wie ein Wunder an, daß es meinen Rechtsanwälten gelang, mit diesem Standpunkt die Todesstrafe abzuwenden. Ich wurde zu zehn Jahren Zuchthaus verurteilt, und die Strafe wurde dann auf sieben Jahre ermäßigt, da ich mir infolge eines Bombenangriffs auf das Moabiter Untersuchungsgefängnis einen schweren Schädelbruch zugezogen hatte.»[81] Am 15. März 1944 schloß der Staatsanwalt seine Anklagerede mit den Worten: «Da der Angeklagte seinen Beruf als Sänger und Schauspieler doch nicht mehr ausüben kann, sehe ich mich veranlaßt, die zu beantragende Strafe von zehn Jahren Zuchthaus auf sieben herabzusetzen.»[82] «Ich wurde dann in das Zuchthaus Brandenburg eingeliefert, wo ich Ende April 1945 von den Russen befreit wurde.»[83] Busch hat dann noch jahrzehntelang Theater gespielt, auf Veranstaltungen gesungen, Schallplatten produziert. Das «Protokoll [zur Entnazifizierung von Gustaf Gründgens] dem Erschienenen vom Notar vorgelesen, von ihm genehmigt und eigenhändig, wie folgt, unterschrieben», schließt mit den Worten: «Gustaf Gründgens ist tatsächlich der Einzige gewesen, der für mich eingetreten ist und der mir indirekt das Leben gerettet hat. Ich bedauere es tief, daß er zur Zeit als angeblicher Faschist sich in Haft befindet. Tatsächlich konnte er seine antifaschistische Einstellung nicht besser unter Beweis stellen, als er es in meinem Falle getan hat.»[84]

Wachtmeister Gründgens

Die Möglichkeiten, lebendiges Theater zu machen, hatten sich erschöpft. Es gab keine Stücke mehr. Die klassische und romantische Bühnenliteratur war von den Dramaturgen mehr als einmal durchkämmt worden, schon längst gab es da nichts mehr auszugraben. Einen Spielplan für drei Häuser zu gestalten (1942 war für kleine leichte Stücke das Lustspielhaus an der Weidendammer Brücke hinzugekommen), erwies sich als unlösbare Rechenaufgabe. Hinzu kam der Leerlauf beim Personal. Für Lothar Müthel, der 1938 das Wiener Burgtheater übernommen hatte und nur noch als Gastregisseur nach Berlin kam, war Wolfgang Liebeneiner engagiert worden, ein schwacher Ersatz, Gründgens nannte ihn *den Einäugigen unter den Blinden*[85], was charmant übertrieben war, denn Liebeneiners Inszenierungen waren allesamt glatt und spannungslos, voran seine erste, Shaws «Arzt am Scheideweg» mit Gründgens als blassen Maler Dubedat. Zu den Regisseuren des Hauses kamen der junge Karlheinz Stroux und im letzten Jahr noch der Kabarettist und Filmemacher Helmut Käutner («Romanze in Moll» mit Marianne Hoppe). Der Krieg war übermächtig geworden, der Frieden ließ schon zu lange auf sich warten, und Theaterspielen wurde immer sinnloser. Gründgens war zu aufrichtig, um nicht von Überdruß und Ekel erfaßt zu werden.

Herbst 1940 hatte er «Wie es euch gefällt» inszeniert und, geschult an der Raumbühne Fehlings, auf dekorativen Bombast verzichtet, sich auf das für die Spielhandlung Notwendige, das er sich von Rochus Gliese anordnen ließ, beschränkt. Neben der zauberhaft poetischen Rosalinde der Käthe Gold rückte er den an allem zweifelnden Melancholiker Jacques, mit genüßlichem Weltschmerz gespielt von Aribert Wäscher, in den Mittelpunkt.

Ende 1941 inszenierte er «Die lustigen Weiber von Windsor», szenische Reminiszenzen an den Falstaff aus «Heinrich IV.». Shakespeare war aber kein Stück mehr gelungen, nur noch einzelne Szenen mit einem verbürgerlichten Falstaff – Anlaß für den Regisseur, die Lücken mit einem Feuerwerk von Einfällen zu füllen, seinen Darstellern ließ er Möglichkeiten zu mimischen Einlagen. Entdeckt wurde bei dieser Gelegenheit Gustav Knuth als Komiker: sein radebrechender und plappernder Pfarrer Evans war die Attraktion des Abends.

Mit Engagements von Schauspielern hatte Gründgens mehr Glück als mit dem Einsatz von neuen Regisseuren. Einige Darsteller holte er seinem Kollegen Hilpert weg. Käthe Dorsch, Heinz Rühmann, Elisabeth Flickenschildt hatten am Deutschen Theater gespielt, bevor sie von Gründgens engagiert wurden.

1941/42 holte er zu einem letzten Höhenflug aus, er inszenierte beide Teile des «Faust» und spielte selbst den Mephisto. *Aus meiner angeborenen und durch die äußeren Umstände höchst gesteigerten Animosität gegen alles Verquollene, «Titanische», gegen jenes exhibitionistische Wühlen in der eigenen Seele, die Sucht, das Dunkle noch dunkler zu machen, einen Gedanken, statt ihn durch die Sprache zu klären, mit Gefühl bis zur Unver-*

ständlichkeit zu belasten, besetzte ich den Faust mit dem männlichsten Darsteller des deutschen Theaters, mit Paul Hartmann, der auf Grund seines Naturells nicht in die Versuchung geraten konnte, die großen Monologe gedanklich zu überlasten, der nicht – tragischer Irrtum aller Faust-Darsteller – jeder Zeile des Dichters ängstlich gerecht zu werden bemüht war, sondern der sich tapfer und zornig durch die Monologe schlug. Und auf einmal war etwas erreicht, was mir für eine «Faust»-Aufführung überhaupt we-

Als Mephisto in «Faust» II, 1942

sentlich erscheint: wir hörten keine Selbstgespräche, in denen geniale Zwerge einen genialen Riesen auszudeuten bemüht waren, sondern erlebten Aktion von Zeile zu Zeile, Handlung von Schritt zu Schritt – Drama. Im übrigen blieb damals der erste Teil im Äußerlichen noch konventionell ... Rochus Gliese und ich, wir bemühten uns, die kleine Welt des Gretchen-Teils durch kleine Räume deutlich zu machen. Der Garten besonders war ein kleiner Gemüsegarten, dicht umstellt mit Häusern, die Marthes Satz «... Allein es ist ein gar zu böser Ort: Es ist, als hätte niemand nichts zu treiben / Und nichts zu schaffen, / Als auf des Nachbarn Schritt und Tritt zu gaffen ...» deutlich machten. Neu und gut war lediglich mein Einfall, von der heiligen Messe des Domes sofort in die schwarze Messe der Walpurgisnacht überzublenden. [86]

Wer heute Fotos der Aufführung sieht, muß über die Butzenscheiben, gotischen Spitzbögen, den alchimistischen Krimskrams und die detailliert ausgearbeiteten Exterieurs erschrecken. Gründgens' Mephisto aber war kein Conférencier vom Gendarmenmarkt mehr, der ein Stück namens «Faust» in Gang setzte, sondern Mephisto selbst, wenn auch mit Manierismen und Tremolo. So war eben dieser Mephisto: geziert, dynamisch, effektvoll. Es war zunächst wieder Gründgens, der sich vor die Rolle schob, Gründgens persönlich. Aber dort, wo die Gretchen-Tragödie einsetzte, wurde die Artikulation zweckdienlich, die Handlung riß den Darsteller mit sich fort. Im dritten Kriegsjahr spielte Gründgens den Mephisto als gefallenen Engel, der mit Gott eine Wette eingeht, von der er weiß, daß er sie verlieren wird. Die Kritiker waren voll des Lobes, schlossen in ihre Hymnen das Gretchen der Käthe Gold mit ein, einige schrieben von einer «Sensation». Gründgens dachte bescheidener. *In der Berliner Inszenierung des zweiten Teils hingegen konnte ich mich weitgehend von früheren Vorstellungen freimachen, wenn ich auch betonen muß, daß die dramaturgische Vorarbeit von Louise Dumont und Gustav Lindemann für meine «Faust»-Bearbeitung keinesfalls unterschätzt werden darf. Aber wenn ich glaubte – und glaube –, daß man am Kaiserhof «Prospekte nicht und nicht Maschinen» schonen darf, so gelang mir doch schon gegen Ende des zweiten Teils eine weitgehende Konzentration auf das Wort, ein weitgehender Verzicht auf dekorative Illustration ... Am deutlichsten zeigte sich vielleicht die Entwicklung an der Grablegungsszene. In der Lindemann-Inszenierung traten noch die Engel leibhaftig auf, sprachen ihre Chöre und streuten ihre Rosen. In meiner Inszenierung im Jahre 1942 waren die Engel und die Rosen bereits als undeutliche Konturen auf herabfallende Schleier projiziert.* [87]

Dem Ringen um Klarheit fiel manch poetische Szene zum Opfer, so das ganze Ägäische Fest, wodurch die Handlung zerrissen, zum Teil unverständlich wurde. Was blieb war genug, die Zuschauer zu fesseln und Gründgens' Mephisto als «tragische Verkörperung luziferischen Geistes im blaugrauen Mantel mit langen blonden Locken» [88] zur Geltung zu bringen.

Was konnte nach «Faust» I und II noch kommen? Daß er den Romeo spielte, hatten seine Mitarbeiter zu verhindern gewußt. Eine Zeitlang

Als Phorkyas in «Faust» II, 1942

führte er ihnen verschiedene Perücken, die er als Romeo tragen könnte, vor. Es war ein Spiel, ein rührendes, wenn man bedenkt, daß der Vierzigjährige ernsthaft mit der Rolle des fünfzehnjährigen Romeo kokettierte. Den Orest in Goethes «Iphigenie» ließ er sich nicht nehmen. Für die Regie kam Müthel aus Wien angereist. Aber es war Gründgens' Rolle nicht, es blieb bei Bemühung und Deklamation.

Es kamen die Frontbegradigungen und Rückmärsche der deutschen Armeen, und die Insulaner spielten weiter Staatstheater, auf hoher Ebene, man war repräsentativ und sich dessen bewußt. Bis in die letzten Kriegsjahre wurde mit Geld und Material nicht gespart. Der Bühnenbildner Wolfgang Znamenaczek, der im Lustspielhaus als Gast eine kleine moderne Komödie ausstattete, erzählte, wie Gründgens sich eine der letzten Proben ansah und nach einigen Einwänden und Ratschlägen, schon im Fortgehen, wie beiläufig über die Schulter zurückwarf: *Übrigens spielen wir das Stück zurück: Jahrhundertwende! Ich denke, das ist wirkungsvoller. Auf Wiedersehen.* Regisseur und Kostümbildner saßen sprachlos da. In ein paar Tagen mußten für das Ensemble neue Kostüme entworfen und geschneidert und auch Dekorationsteile geändert werden.

Man arbeitete und lebte auf großem Fuß, die staatlich verordneten Sparmaßnahmen fanden hier keine Beachtung.

Am 27. April 1943 schrieb Gottfried Benn an seinen Freund F. W. Oelze: «Heute bekam ich einen Brief von Tilly Wedekind, die am Starnberger See wohnt, dem ich Folgendes entnehme: Pamela, verheiratet mit

1943

Wachtmeister der Flak, 1944

einem jungen Münchener Schauspieler, bekam eine Tochter vor 3 Monaten. Jetzt lud sie Gründgens ein nach seinem Besitz bei Königswusterhausen. Sie fährt mit Mann u. Kind I. Klasse Schlafwagen von München nach Berlin, wird am Anhalter Bhf. von Gr.s großem Wagen abgeholt u. nach der 70 km entfernten Besitzung Zeesen gefahren. Zurück ebenso. Alles zum Vergnügen der Künstler. (Während die Generäle zu Fuß gehen müssen, kürzlich wurde ein mir bekannter Oberst bestraft, der einen Dienstwagen 50 m hat umfahren lassen, um an seine Wohnung zu gelangen.)»[89]

Der Gegensatz von Glanz und Leerlauf wurde unerträglich, und im Sommer 1943 verblüffte Gründgens die Theaterwelt und nicht nur sie mit der Mitteilung, er werde nun Soldat. Dem Theater waren keine Sensationen mehr abzugewinnen. Da sprang Gründgens selber in die Bresche. Es gab aber noch andere Gründe für den aufsehenerregenden Schritt.

Die Anfeindungen von seiten des «Kulturkreises» der SS hörten niemals auf. Zur Entscheidung zwang Gründgens die Sportpalastveranstaltung des Reichspropagandaministers am 18. Februar 1943, die unter dem Schlagwort «Wollt ihr den totalen Krieg?», der Suggestivfrage des Hauptredners, in die Geschichte des Zweiten Weltkriegs eingegangen ist. Kurz vor Beginn der Veranstaltung, deren Sinn geheimgehalten wurde, fuhren Limousinen der SS durch Berlin, hielten vor den Türen prominenter Künstler, und ein Offizier überbrachte die Grüße des Ministers zusammen mit der Einladung zu einer plötzlich einberufenen kleinen Versammlung im Sportpalast. Gründgens, der nicht nur einen sechsten oder siebten Sinn für Gefahren hatte, sondern auch junge Freunde und Schwärmer als Spione und Zuträger einsetzte, war im Bilde und wußte, wofür man auch ihn mißbrauchen wollte. Er durfte also nicht erreichbar sein, nicht im Theater, nicht im Büro, nicht in seiner Berliner Wohnung im Schloß Bellevue, nicht bei Frau Hoppe in Charlottenburg, nicht in Zeesen. Er fuhr die ganze Zeit, während die Prominenten eingesammelt wurden, und auch noch während der Veranstaltung mit seinem Dienstwagen kreuz und quer durch die Stadt. Heinrich George zum Beispiel ließ sich überrumpeln. Er sah dann in der allgemeinen Raserei aus Begeisterung für den totalen Krieg ein wenig ängstlich aus. Die Kameras der Wochenschauen und die der Presse konnten das nicht verheimlichen. Der Ruf zur Selbstvernichtung, zur letzten Brutalität, zur Denunziation auch, bekräftigte Gründgens in seinem Entschluß. *Ich schrieb an Göring einen Brief (er ist noch vorhanden), daß ich nun nicht mehr aktiv im Kunstleben tätig sein könne, und bat ihn, mich sofort zum Militär melden zu dürfen. Das war Ende Februar 1943, also eben nach der Ausrufung des Totalen Krieges und als Protest dagegen. Das wurde auch von Goebbels so verstanden und dementsprechend kommentiert.*[90] Der Kommentar lautete, Gründgens habe zwar das Pik-As ausgespielt, aber er, Goebbels, habe noch ganz andere Trümpfe in der Hinterhand. Die spielte er anderthalb Jahre später aus, als er sämtliche Theater schloß, auch Görings Staatsschauspiel. Der Militärdienst *war die einzige Möglichkeit des Protestes, die ich hatte, wenn ich nicht nach Buchenwald gehen wollte. Ich dachte, meine Chance, am Leben zu bleiben, sei größer beim Militär als im Konzentrationslager. Ich war damals 44 Jahre alt, nicht gesund, und es war eine harte und schwere Zeit für mich. Ich habe aber meinen Posten als Direktor des Staatstheaters nicht aufgegeben, denn damit hätte ich zunächst einmal das Leben von sieben Familien zerstört, deren einer Teil jüdisch war und die ich über die ganzen Jahre hindurch schützen konnte.*[91] So Gründgens 1950 in einem Rechtfertigungsschreiben an einen amerikanischen Bürger.

Er wählte den Weg, den acht Jahre vor ihm Gottfried Benn gegangen war. Benn, diffamiert, angepöbelt und bedroht vom »Schwarzen Korps», dem «Organ der Reichsführung SS», war Anfang 1935 in die Armee emigriert. «Am 1.I.35 verlasse ich meine Wohnung, Praxis, Existenz, Berlin u. trete in die Armee zurück, aus der ich hervorgegangen bin. Standort unbekannt, Zukunft ungewiß. Titel: Oberstabsarzt. So geht es moralisch und auch wirtschaftlich nicht weiter; dann muß ich aus allen Bindungen heraus, es ist eine aristokratische Form der Emigrierung. Kein leichter Entschluß!»[92] Benn war im Ersten Weltkrieg Militärarzt gewesen, Gründgens einfacher Soldat. Darum wurde er jetzt als Gefreiter eingezogen.

Gründgens' *Flucht zur Fahne*[93] wurde von der unzulänglich informierten Öffentlichkeit und auch von Kollegen unterschiedlich beurteilt. An vaterländisch militante Aufwallungen glaubte niemand. Viele hielten Gründgens' frischgebackenes Soldatentum für eine Art Theatercoup, nur daß jetzt der Exerzierplatz Gründgens' Bühne war. Alfred Mühr spottete, es ginge ihm wohl um den Männergeruch in den Kasernen. Göring hielt ihn für übergeschnappt und hatte ihn bei der Stange zu halten versucht. Gründgens war hartnäckig geblieben, behielt aber die Fäden in der Hand, war weiter verantwortlich für Spielplan und Entlassungen. So glaubte er sich dreifach gesichert, als Generalintendant, Staatsrat und Soldat.

Auch darüber, ob er mit einer von Görings Ausstatter maßgeschneiderten Uniform in die Kaserne rückte oder sich das neue Kleid beim ersten Urlaub von der Kostümabteilung des Staatstheaters anfertigen ließ, gibt es mehrere Versionen. Noch in Zivil, wurde er, nach der ersten Anprobe, gefragt, wie ihm die Uniform denn stünde. Seine Antwort: *Na süß!*[94] Nur mit dem Krätzchen gab es Schwierigkeiten. Das hielt auf seiner Glatze schlecht, besonders wenn er es schräg aufzusetzen versuchte.

Er blieb unter des Luftmarschalls Fittichen, sein Truppenteil gehörte zu den Ersatz- und Ausbildungseinheiten in der Utrechter Kromhout-Kaserne. Der Gefreite legte wert darauf, nicht anders behandelt zu werden als jeder andere Auszubildende. Ein Foto zeigt ihn allein in Kniebeuge beim «Griffe Kloppen». Geschossen hat das Foto mit seiner Einwilligung der Ausbilder Feldwebel Giesen an einer wenig einsehbaren Stelle des Kasernenhofs. «Anschließend kam G. in die 11. (Sturmgeschütz-)Batterie, die in der Utrechter Hojel-Kaserne lag und von einem Neffen Hermann Görings, dem Oberleutnant Göring, geführt wurde. Hier befand sich G. in guter Gesellschaft: mit ihm dienten unter anderem der Legationsrat Oswald Freiherr von Richthofen, der Direktor des Stabsamtes Reichsmarschall Plonen und dessen Regierungsrat Schmidt. Nach kurzer Zeit stand G. zur Beförderung zum Unteroffizier an; die Beurteilung hierfür berücksichtigte, daß G. im vorgerückten Alter und körperlich nicht sehr ausdauernd war, im übrigen aber sich bemühte (und dies war auch zutreffend), ein guter Soldat zu sein. Wegen der kurzen Dienstzeit sprach der Kommandant die Beförderung allerdings nicht aus. – Den einzigen ‹Anpfiff› erhielt er ausgerechnet vom 1. Schreiber, dem Unteroffizier Türke, mit den Worten: ‹Auch Sie, Gründgens, können beim Betreten der Schreibstube die Kopfbedeckung abnehmen.›»[95]

Immer wieder erschien der Soldat, der nicht zum Unteroffizier, aber zum Wachtmeister befördert worden war, unangemeldet in Berlin, saß plötzlich in Uniform, das Krätzchen, das hatte er gelernt, provokant schräg auf dem Schädel, im Büro, ließ sich Bericht erstatten, kontrollierte, nörgelte, disponierte, schikanierte, alles in bester Laune – und verschwand wieder. Seine Kopfneuralgien, die Plage seines Lebens, waren verflogen. Die aschfahle Farbe seiner Haut war einem lebensfreundlichen Rosa gewichen. Er war gesünder denn je. Schließlich wurde Göring die Soldatenspielerei zu bunt, auch traute er den Stellvertretern Mühr und Liebeneiner nicht, es fehlte die ordnende Hand, die Autorität, und im Frühjahr 1944 befahl er Gründgens nach Berlin zurück.

Gründgens' letzte Inszenierung am Gendarmenmarkt waren «Die Räuber». Für die Wahl dieses Stückes war mit ausschlaggebend, daß viele vom Kriegsdienst bedrohte junge Schauspieler und Schauspielschüler be-

101

schäftigt werden konnten und daß hier jungen Menschen Gelegenheit gegeben wurde, wenigstens auf der Bühne ihrem Freiheitsdurst Ausdruck zu verleihen. Gründgens strich aber alles über Freiheit, Empörung und Frieden, was zum Anlaß dienen konnte, die Aufführung zu verbieten. Jede Beziehung zur Gegenwart wurde vermieden. Aber das Stück bot immer noch Zündstoff genug. *Zum Schluß gab es kaum noch ein Stück, das nicht gegen eins der Gesetze vom «Totalen Krieg» verstieß. Mit den Jahren wurde die Sehnsucht der Berliner nach einem Ventil, wo sie sich Luft machen konnten, immer größer und unberechenbarer. Mit der Instinktsicherheit des wachsenden Hasses und der Verzweiflung wurde keine Situation auf der Bühne ausgelassen, die einem zum Schweigen und Stillhalten verurteilten Volk – sich zum Schweigen und Stillhalten verurteilthabenden Volk – zum Anlaß einer spontanen Meinungsäußerung dienen konnte. So war es in «Der Bruderzwist im Hause Habsburg»: «Die Meinung, acht' sie im andern auch», so war es, für Schauspieler und Publikum gleich erschreckend, in der Pastor-Moser-Szene in «Räuber», in der Paul Bildt und ich* (als Franz Moor), *von der Erregung zwischen Parkett und Bühne wie hypnotisiert, kaum noch weiterspielen konnten (wobei ich feststellen muß, daß erst der Zusammenklang zwischen Zuschauer und Schauspieler diese kaum zu ertragende Bezüglichkeit auf den Tag ergab).*[96]

Pastor Moser: «Sehet Moor, Ihr habt das Leben von Tausenden an der Spitze Eures Fingers, und von diesen Tausenden habt Ihr neunhundertneunundneunzig elend gemacht. Euch fehlt zu einem Nero nur das Römische Reich und nur Peru zu einem Pizzarro. Nun, glaubt Ihr wohl, Gott werde es zugeben, daß ein einziger Mensch in seiner Welt wie ein Wütrich hause, und das Oberste zu unterst kehre? Oh, glaubt das nicht! Er wird jede Minute, die Ihr ihnen getötet, jede Freude, die Ihr ihnen vergiftet, jede Vollkommenheit, die Ihr ihnen versperrt habt, von Euch fordern dereinst ...» Diese Worte wurden aber erst in literarischen Veranstaltungen gesprochen, als die Theater geschlossen waren. In seiner Inszenierung hatte Gründgens die Pastor Moser-Szene wohlweislich gestrichen. Gestrichen hatte er auch einen Teil der Rolle des Spiegelberg. Schillers Spiegelberg ist Jude. Gründgens ließ alles weg, was daran erinnern konnte. Das trug dem Regisseur den Brief eines Reichstagsabgeordneten ein. «Wenn man sich in den Zeiten der Judenemanzipation und der Judenherrschaft begreiflicherweise gescheut hat, Spiegelberg nach dem Willen des Dichters als Juden auf die Bühne zu bringen, so dürfte heute, wo sich das nationalsozialistische Deutschland in einem Kampf um Leben und Tod mit dem Weltjudentum befindet, aller Anlaß bestehen, diesen Verbrecher so darzustellen wie ihn Schiller haben wollte: als Juden. Das deutsche Theaterpublikum hat m. E. ein Anrecht darauf, daß eine politisch so hoch interessante und hoch aktuelle Angelegenheit bei einer Schiller-Aufführung im 5. Jahre unseres Krieges gegen das Weltjudentum nicht einfach unter den Tisch fällt. Ich suche vergebens nach Gründen ...»[97]

Gründgens spielte den Franz mit kalter Ekstase, nicht als Bösewicht, sondern als meditierenden, spekulierenden, unruhevollen Geist, von Machtstreben, Herrschgier und Rachsucht besessen. Der Darsteller arbeitete mit mehreren Perücken, einer brandroten und einer silbernen, mit viel Puder und Schminke, mit Brokatröckchen und hohen Schnallenschuhen. Der Eindruck war sehr stark. «Die Räuber» wurde zwanzigmal gespielt.

Ende August war Gründgens im Begriff, zu seinem Chef zu fahren, um mit ihm die laufenden Geschäfte zu besprechen, als ihn ein Anruf aus dem Propagandaministerium erreichte. Der Reichsdramaturg Dr. Schlösser teilte ihm die Verfügung über die bevorstehende Schließung sämtlicher Theater mit. Über seinen beabsichtigten Besuch in Karinhall war man am Wilhelmplatz informiert und bat ihn, «Herrn Göring» über die neue Verfügung zu unterrichten, damit er es nicht aus der Presse erfahre. So sprang man nunmehr mit dem ehemaligen Machtmenschen um. Goebbels, Himmler, Bormann regierten. Es grenzte an Don Quijotterie, daß Gründgens als selbstverständlich annahm, das Staatsschauspiel sei von der Schließung ausgenommen. Der Reichsdramaturg lachte ihn aus. So waren die Gewichte verteilt. Goebbels verfügte über die Schließung auch des Staatsschauspiels. Mit erhobenem Händchen konnte er seinem Führer melden, Zehntausende von Künstlern, Handwerkern und Technikern der Wehrmacht und der Rüstungsindustrie zugeführt zu haben.

Am 31. August wurden die Theater geschlossen, und am 6. September 1944 traf sich das Ensemble zum letztenmal im Parkett des Schauspielhauses am Gendarmenmarkt. Gründgens hielt die Abschiedsrede. Er endete mit den Worten: *Solange ich Euch durch diese schwere Zeit geleiten darf, so lange wird mein erster und letzter Gedanke die Sorge um Euer Wohlergehen sein, um die Sicherstellung Eurer Gegenwart und Eurer Zukunft. Sehen wir uns noch einmal um in diesem heiligen Raum, dem wir unser Leben geweiht haben. Halten wir fest zusammen in dem Gedanken, diesen Raum belebt und ihn zum Zentrum deutscher Bühnenkunst gemacht zu haben. Bleiben wir, was wir sind: Mitglieder der Staatlichen Schauspiele.*[98]

Immerhin war den Theatern erlaubt, sogar empfohlen worden, mit den freien Kräften, älteren Schauspielern etwa, literarische Programme zu gestalten, vorausgesetzt, daß keine materiellen Mittel in Anspruch genommen wurden. Das Staatstheater machte von dieser Möglichkeit Gebrauch. Gründgens arrangierte um seine Person ein Goethe-Programm mit seinem Mephisto, ein Schiller-Programm mit seinem Franz Moor (einschließlich Pastor Moser-Szene) und ein Shakespeare-Programm mit Hamlet-Monologen. Alle diese Veranstaltungen, und nicht nur die, an denen Gründgens beteiligt war, waren kurz nach Kassenöffnung ausverkauft. Einer der Höhepunkte dieser Reihe war ein Programm, das Hermine Körner und Paul Wegener bestritten. Auf der mausgrau ausgeschlagenen Bühne stand ein riesengroßer lederbezogener Ohrensessel. Neben diesen trat in einem langen fließenden Gewand die Tragödin Hermine Körner und sprach in einem hohen, tragenden, schwingenden Ton, als spräche sie Psalmen, Goethe-Gedichte – «Harzreise im Winter», «Proömion», «Iphigenie», «Prometheus», «Grenzen der Menschheit», «Gesang der Geister über den Wassern» –, Verse, die sich, ohne es unmittelbar

103

auszusprechen, gegen das stumpfsinnig blutige Geschehen außerhalb dieses «heiligen Raumes» richteten. Womöglich noch entschiedener verhielt sich Paul Wegener. Er nahm in dem Ohrensessel Platz, kreuzte leger die Beine und sprach mit leiser Stimme, sozusagen privat, und doch bis in den äußersten Winkel verständlich, von chinesischer Weisheit. Nach dieser Einführung erzählte er chinesische Märchen vom wahren, nach innen gerichteten Leben, vom Frieden mit der Welt und mit sich selbst.

Die Nazis, in dem Bestreben, alles und alle in ihren Untergang mit hineinzuziehen, zu vernichten, mitschuldig zu machen, hatten etwas Neues ausgeheckt. *Zum Schluß erwähne ich noch, daß im Herbst 1944 eine wiederholte Umfrage an die Künstler gerichtet wurde, ein Bekenntnis zu Hitler abzulegen. Ich glaube, ich irre mich nicht, wenn ich sage, daß ich der einzige deutsche Schauspieler bin, der selbst diesem Zwang nicht nachgegeben hat.*[99] Die gesammelten Bekenntnisse sollten als Buch herauskommen und kostenlos verteilt werden. Gründgens erklärte, daß ein schriftlich formuliertes Bekenntnis zum Führer eine verantwortungsvolle Aufgabe sei, zu der er jedoch keine Konzentration aufbringe, da er im Begriff sei, seinen Militärdienst wiederaufzunehmen. Natürlich kam er auf die Schwarze Liste. Am schlauesten verhielt sich Paul Wegener. Er schrieb nur einen Satz: «Ich glaube an den Führer so wie ich an den Endsieg glaube.»[100]

Gründgens war ein vorbildlicher Intendant auch noch, als die Theater geschlossen waren. Die Theater als rechtliche Institutionen bestanden ja weiter, waren nur vorübergehend, eben bis zum Endsieg, stillgelegt. Mit dem Dienstwagen, mit der Stadtbahn, später nur noch mit dem Fahrrad eilte der Generalintendant und Preußische Staatsrat von Mitglied zu Mitglied seines Ensembles und brachte ihnen Lebensmittel von Gut Zeesen, gab Ratschläge, zahlte ihnen die Gage aus. Wenn einer dienstverpflichtet oder eingezogen war und nun weniger verdiente, zahlte ihm das Theater die Differenz. Wie die Glucke um ihre verstreuten Küken sorgte sich Gründgens um seine Getreuen. Es war ein Abschiednehmen nicht nur von dem einen oder anderen (mit nicht wenigen arbeitete er ja nach dem Krieg wieder zusammen). Eine Ära ging zu Ende. Auch die Gründgens-Welt versank. Im Februar wurde das schon arg mitgenommene Gebäude am Gendarmenmarkt durch einen Volltreffer vollständig zerstört. Seine Stadtwohnung im Schloß Bellevue, das frühere Domizil Max Reinhardts, das ihm Göring zur Verfügung gestellt hatte, lag längst in Trümmern. Er hatte Unterschlupf gefunden in der Wohnung von Freunden in der Fredericiastraße. Dort hauste er allein, und völlig hilflos. Der Mann, der ein Theater mit zeitweise 1500 Mitarbeitern souverän geleitet hatte, war unfähig, sich ein Ei zu kochen. Von seiner Frau hatte er sich getrennt. Sie waren übereingekommen, daß es besser sei, jeder versuche auf eigene Weise, das Kriegsende zu überstehen. Er war noch unschlüssig, wo er das bewerkstelligen sollte, in Berlin oder Zeesen. In dieser Lage spürte ihn ein junger Mann auf, Deserteur, Organisationstalent, der sich seiner annahm: Peter Gorski. Es wurde eine Freundschaft fürs Leben.

In sowjetischen Lagern,
auf sowjetischen Bühnen

Siebenmal verhafteten und verhörten ihn die Russen, dann steckten sie
ihn nach tagelangen Fußmärschen und Zwischenaufenthalten mit anderen verdächtigen Deutschen in das Lager Jamlitz 20 Kilometer westlich
Gubin an der Lausitzer Neiße. Sie mißverstanden den Titel Generalintendant, hielten Gründgens für einen hohen Militär. Er machte alle Leiden
durch, die vorher Ausländer und Antifaschisten in deutschen Lagern zu
erleiden gehabt hatten: Hunger, Schmutz, Enge – und die Frage: Lassen
sie mich jemals frei? Zum Glück kam er mit wenig Nahrung aus, tauschte
sogar manche Ration gegen Seife und Schuhputzzeug. Hygiene und
brauchbares Schuhwerk für den Rückmarsch nach Berlin waren für ihn
das allerwichtigste. Es kam darauf an, den Russen zu beweisen, daß er
Intendant gewesen war, nicht General. Er war Artist! Beim Wort Artist
bekamen die meisten Russen träumerische Augen und wurden nachgie-
big. Bei General Gründgens verfing das nicht. Von den Häftlingen erkannte ihn kaum jemand. Die Russen buchstabierten seinen Namen mal
so, mal so. Schließlich entsann er sich seiner kabarettistischen Triumphe
und sammelte Chanson- und Schlagertexte, 150 im ganzen, alles im Kopf,
auswendig, ließ sich von den Lagerinsassen Textlücken aufsagen und vor-
singen, auch von den Frauen des benachbarten Lagers hinter den Zäu-
nen, sammelte in monatelanger Kleinarbeit ein gewaltiges Repertoire.
Sein Gedächtnis hatte nicht gelitten. Er hatte ja immer über alles Bescheid gewußt. Das war eine seiner Stärken. Gern fing er einen Satz an
mit *Ich weiß genau, wer – was – wie* ... 150 Lieder mußten die Russen
überzeugen. Sie erlaubten, daß ein Podium aufgeschlagen wurde. Gründgens studierte Szenen ein und brachte Chansons. Wofür Zuschauer früher
eine Nacht lang angestanden hatten, wurde den Lagerinsassen umsonst
geboten.

In Berlin und München liefen Rettungsaktionen Marianne Hoppe
wurde in Berlin-Karlshorst, dem Sitz der Sowjetischen Militäradministra-
tion, vorstellig. Peter Gorski schlich sich an das Lager Jamlitz heran, versuchte Gründgens zu sehen, es gelang ihm aber nur eine Verbindung mit-
tels Kassibern. Schon Anfang Juni hatten unter anderen Paul Wegener,
Paul Henckels, Aribert Wäscher und Horst Caspar ein Schriftstück unterzeichnet und an die Sowjets geschickt. «Wir treten für unseren Kollegen
Gründgens ein, weil wir ihn als Menschen und Kameraden und, trotz
seines Postens als Generalintendant der Staatlichen Schauspiele, als An-

tifaschisten in schwierigsten Situationen kennengelernt haben.»[101] Ernst Buschs Prozeßbericht wurde am 25. November 1945 zu Protokoll gegeben und weitergeleitet. In einer Petition vom 20. Januar 1946 aus München heißt es: «Während seiner 10jährigen Tätigkeit als Leiter der Berliner Staatstheater hat er mit persönlichem Mut im Ganzen wie im Einzelnen erfolgreich vermieden, daß das nationalsozialistische Regime aus den Berliner Staatstheatern Propaganda-Institute machen konnte ... Die Unterzeichneten, die im engeren wie im weiteren Sinne mit dem Wirken von Gustaf Gründgens vertraut sind und seiner in schwierigen Situationen gezeigten männlichen Haltung Verehrung und Bewunderung zollen ...» waren unter anderen Erich Engel, Erich Kästner, Paul Verhoeven, Otto Wernicke und Elisabeth Flickenschildt.[102] Anfang Februar schickten Axel von Ambesser, Pamela Wedekind, Werner Finck und andere eine weitere Bittschrift nach Karlshorst. Darin hieß es: «So hat er in zahlreichen Fällen jüdische Frauen seiner Mitglieder vor dem sicheren Tode zu retten vermocht. Man konnte dementsprechend antifaschistische Gesinnung, für die – mit wenigen Ausnahmen – alle Mitglieder bekannt waren, frei äußern und mit Gründgens selbst offen über die Möglichkeiten einer Zukunft, wie sie heute Gegenwart geworden ist, sprechen.»[103]

Diese Zukunft begann für Gründgens am 4. April 1946. Der Intendant des Deutschen Theaters Gustav von Wangenheim berief eine Betriebsversammlung ein und verkündete von der Bühne herab den Mitgliedern im Parkett, das Ensemble habe einen neuen Kollegen: Gustaf Gründgens! Es gab nicht wenige in Berlin, die des ehemaligen Staatsrats und Generalintendanten Wiederzulassung mißbilligten. Sie fanden es übereilt, daß ein Mann, der in der Nazizeit so viele Privilegien genossen hatte, nun gleich wieder ganz oben, im Deutschen Theater arbeiten sollte. Wangenheim kannte diese Stimmung und blockte ab: Gründgens sei nunmehr über jeden Verdacht erhaben. Wenn die Russen etwas untersuchten, fügte Wangenheim, der seine Emigrantenjahre in der Sowjet-Union überstanden hatte, hinzu, dann sehr genau, darauf könne man sich verlassen. Und wenn einer dem neuen Kollegen guten Tag sagen wolle, so befinde sich dieser im Betriebsbüro. Das Parkett erhob sich und pilgerte in die erste Etage. Nun konnte allerdings jeweils nur einer ihm die Hand drükken. Also stellte man sich an. Die Schlange begann im Parterre, lief über Treppe, Flur, Vorraum bis zu dem Zimmer, in dessen einer Ecke der Wiedererstandene die Huldigungen entgegennahm. Auch die ihn nur flüchtig kannten, stellten sich an, und diejenigen, die früher noch gar nicht mit ihm zusammengetroffen waren, nutzten nun die Gelegenheit. Gründgens war wohlgenährt, als sei er niemals in einem Lager gewesen, adrett gekleidet, mit Schlips und Kragen, und er wirkte kein bißchen beglückt, eher kühl, sachlich, abwartend.

Nun wäre eine Pressekonferenz fällig gewesen. Der Taktiker entschied anders. Nicht die Redakteure der deutschen kommunistischen Presseorgane und nicht die der sowjetisch redigierten «Täglichen Rundschau» wurden eingeladen, sondern einzig Hans Borgelt von der verhältnismäßig

Als Snob in Sternheims Komödie, 1946

bürgerlichen, neutralen «Berliner Zeitung». Zwischen dem Intendanten von Wangenheim und dem Chefdramaturgen Herbert Jhering sitzend empfing Gründgens den Interviewer und sagte so gut wie nichts. Verkündete lediglich, was jeder schon wußte: daß er wieder arbeiten, als erstes unter der Regie von Fritz Wisten Sternheims «Snob» spielen werde. Begründet wurde diese Stückwahl nicht mit dem Wunsch nach einer attraktiven Rolle, sondern *meine Generation*, täuschte Gründgens höhere Interessen vor, *ist mit Wedekind und Sternheim großgeworden. Es wäre sinnlos, das leugnen zu wollen. Man kann nicht mit einem Federstrich ganze Epochen der Theatergeschichte beseitigen. Deshalb ist es unbedingt erforderlich, Autoren, die jahrelang auf den deutschen Spielplänen nicht erscheinen durften, jetzt wieder zu Wort kommen zu lassen. Wir haben die Pflicht der Wiedergutmachung nicht nur gegenüber dem Dichter, sondern auch gegenüber dem Publikum, dem Gelegenheit gegeben werden muß, seine Bildungslücken zu schließen.* Und weiter ebenso druckreif: *Wir hoffen, Carl Sternheim dem Berliner Theaterpublikum wieder so nahebringen zu können, daß es seine helle Freude an der bissigen Ironie und unerbittlichen*

107

Satire dieses großartigen Dramatikers haben wird. Fragen nach der weiteren Zukunft wich er aus. *Meine Arbeitskraft steht zur Verfügung.* Und plötzlich laut, pathetisch: *Ich bin verwendbar!*[104]

Für die Premiere am 3. Mai 1946 wurden Karten zu Preisen zwischen 300 und 1000 Mark schwarzgehandelt. Der Vorhang geht hoch. Gründgens steht allein auf der Bühne, schaut in einen Brief und spricht den ersten Satz des Stückes: «Das ist grotesk!» Minutenlanger Beifall. Mehrmals versucht er weiterzusprechen. Schließlich gelingt es ihm. Nun hat er das Glück, nicht so überragend, so einzigartig, so bissig ironisch und unerbittlich satirisch, so bestechend und strahlend zu sein, wie die einen erhofft, die anderen befürchtet hatten. Paul Bildt in der Rolle des Theobald Maske, des Vaters des Snob, spielte ihn nicht gerade an die Wand, brachte aber weit mehr Witz und Schärfe und Hintergrund für den Sternheim-Stil mit als der Protagonist, für den das Stück ausgesucht worden war. Bildt, nicht Gründgens, war der Star des Abends. Das tröstete die Mißgünstigen, stimmte sie ein wenig versöhnlicher.

Seine Gegner endgültig zu besänftigen, legte die Intendanz ihm nahe, eine Rolle in einem sowjetischen Stück zu übernehmen, nicht zuletzt auch aus Dankbarkeit den Machthabern gegenüber, die ihn auf freien Fuß gesetzt hatten und wieder Theater spielen ließen. Wangenheim inszenierte das sentimentale Revolutionsdrama «Stürmischer Lebensabend» von Leonid Rachmaninow. Paul Wegener spielte die Hauptrolle, einen alten Gelehrten, der fürchtet, den Anschluß an die neue Zeit zu verpassen, Gründgens den Wassili Michailowitsch Worobjow, einen Streber und reaktionären Intriganten, eine Randfigur. Niemals hat sich ein Schauspieler unglücklicher gefühlt und mehr gequält als Gründgens mit dieser Rolle. Nach der Generalprobe, als sich der Zuschauerraum von Kibitzen geleert hatte, bekam er einen seiner berühmten Anfälle, fand sich in der Rolle *total beschissen*[105], riß sich die rote Intrigantenperücke vom Schädel, knallte sie auf den Tisch, verlangte eine Extraprobe und endlich zu wissen, wie er die Rolle anzulegen habe, sonst müsse er sie abgeben, wenn ihm nicht irgend jemand helfe usw. In solchen Augenblicken war er besonders liebenswert, denn seine Verzweiflung war echt. Er spielte nicht, wie gewöhnlich, einen Verzweifelten, er war wirklich verzweifelt. Er war in eine Falle gegangen. Nun, er brachte auch den Worobjow hinter sich, sogar mit einigem Anstand, das heißt kalter Routine, denn er hatte keinerlei Beziehung zu der Rolle, zur Inszenierung, zum Stück. Aber die Kulturoffiziere waren zufriedengestellt. Er sei ein großer Artist, fanden sie.

Das war der Schauspieler Gründgens. Wo blieb der Regisseur? Am 28. Mai 1946 hatte er an Wangenheim geschrieben: *Lieber Intendant und Gustav! ... Die deutsche Denazifizierungskommission hat mich, wie ich erfahren habe, als Regisseur nicht zugelassen. Damit bin ich in meinen Augen zumindest nicht rehabilitiert. Hätte ich das früher erfahren, wäre ich nicht wieder aufgetreten. Ich muß und kann warten, bis meine Situation sich so klärt, daß ich meine künstlerische Arbeit ungeteilt wieder aufnehmen kann. Du hast sehr viel Freundschaftliches für mich getan, aber ich bin doch auch durch Dein Schweigen in eine schiefe Situation geraten. Nie durfte ich den Anschein erwecken, als ob ich diese halbe Entscheidung akzeptierte. Ich habe kein Recht, eine bevorzugte Erledigung meiner Angelegenheit zu erwarten und nehme auch gar keine Stellung; aber ich werde solange nicht aktiv am Theater arbeiten, bis ich nicht uneingeschränkt zugelassen werde.*[106]

Nun, Wangenheim brachte das rasch in Ordnung. Zur Wiedereröffnung der restaurierten Kammerspiele inszenierte Gründgens Shaws «Kapitän Brassbounds Bekehrung» mit Käthe Dorsch als Lady Ciceley. Man sah die große Schauspielerin in einer sehr munteren Inszenierung, an der es nichts auszusetzen gab, außer daß einige Rollen unter-, andere falsch besetzt waren.

1946 schrieb Gründgens für die Zeitschrift «Berliner Hefte» den Artikel *Zur Soziologie des deutschen Schauspielers.* Er schildert darin mit Zahlenangaben das hohe Einkommen der Schauspieler, ihren hohen Lebensstandard und wie 1945 diese Welt für sie zusammenbrach. *Und nun fällt es diesen seit Jahren saturierten und verbürgerlichten Schauspielern schwer, sich auf ein neues Leben einzustellen. Als Beweis dieser meiner Behauptung führe ich an, daß es heute in Berlin noch kein einziges Kollektiv gibt, das sich wirklich auf die bestehende Armut und die bitteren Konsequenzen eines verlorenen Krieges eingestellt hat, sondern daß im Grunde – obwohl heute schon viele neue Männer, die es besser wissen, an die Spitze von Theatern getreten sind – alles im alten Schritt weiterläuft. Das ist nicht und in keinem Augenblick politisch gesehen. Der deutsche Schauspieler in seiner Gesamtheit war politisch uninteressiert. Aktiv politische Schauspieler hat es immer nur wenige gegeben. (Ich weiß nicht, ob das nicht in allen Ländern das gleiche ist.) Es hat vor 1933 nur wenige kommunistische Schauspieler gegeben, und es hat nach 1933 nicht viele faschistische Schauspieler gegeben. Im Vordergrund hat für den Schauspieler die Kunst gestanden, oder besser gesagt, die gute Rolle, die interessante schauspielerische Aufgabe. Diesen Mangel an politischer Erziehung teilt der deutsche Schauspieler mit dem gesamten deutschen Volk.*[107]

Der Spielplan wurde mit einigen politischen Stücken durchsetzt, sonst verschanzte man sich hinter den Begriffen «Nachholbedarf» (an ausländischen Stücken) und «Kulturelles Erbe». Zu letzterem gehörte «König Ödipus» von Sophokles, eine Aufführung im Deutschen Theater, die auch in den Nazijahren denkbar gewesen wäre. Einer der *neuen Männer, die es besser wissen,* war inzwischen an die Stelle Wangenheims gerückt, der den Russen zu weich, zu sentimental, zu tränenreich gewesen war. Sie hatten den Schauspieler Wolfgang Langhoff aus Düsseldorf geholt, der war Gründgens an Ehrgeiz und Eitelkeit ebenbürtig, besaß aber nicht den Schatten von dessen Anziehungskraft. Sein Kreon in der Inszenierung von Karlheinz Stroux war blaß neben dem Ödipus von Gustaf Gründgens, dessen Darstellung wieder einmal ein einziger Willensakt war. Die Presse lobte die gestochene Sprechweise, die gedanklich klare Diktion dieses Königs von Theben. Mit der neuen Zeit hatte das Ganze nichts zu tun. Die Russen, die allesamt an Minderwertigkeitskomplexen litten,

109

verlangten Repräsentationstheater, große Namen, Glanz, etwas zum Vorzeigen, und unterstützten die Künstler, besonders die, die sich ihre Namen in der Nazizeit erhalten oder erst erworben, erarbeitet hatten, mit Pajoks (Lebensmittelpaketen). Zudem hatten diese Prominenten Zugang zur «Möwe», dem von den Russen gegründeten und nach Tschechows Stück benannten Theaterklub in der Luisenstraße, wo es markenfreies Essen gab. Diese Bevorzugung wurde von den jüngeren Kräften kritisiert, bekämpft – vergeblich. Die Russen richteten ein neues Klassensystem ein, und diesmal, angeblich, ein gerechtes, denn es ginge nicht mehr nach Privilegien, sondern nach Verdienst, hieß es. Die hungernden Jugendlichen beneideten die Bevorzugten, die mit ihren großen Namen oft nur kleine Rollen spielten. Gründgens wurde nicht beneidet, ihm mißgönnte niemand etwas, er spielte den Snob, den Ödipus, überwand sich beim Worobjow, hatte in den Kammerspielen den Shaw und im Ulenspiegel-Kabarett Nürnberger Straße im amerikanischen Sektor die Revue «Alles Theater» von Günter Neumann inszeniert und bereitete in den Kammerspielen den «Schatten» von Jewgenij Schwarz vor.

Zwischen diesen Arbeiten saß er in seinem Gutshaus Zeesen, das völlig ausgeraubt worden war. Bezeichnend, wie diesem Menschen von allen Seiten Hilfe zufloß. Pajoks aus dem Osten, Kleidung und Lebensmittel auch aus Amerika, und bald schon stand wieder ein Auto, wenn auch ein gebrauchtes, vor seiner Tür. Aber dann richtete sich in Zeesen eine sowjetische Dienststelle ein und vertrieb den Künstler von seinem einzig geliebten Fleckchen Erde. Diese Exmittierung trug dazu bei, daß er sich entschloß, die Intendanz der Düsseldorfer Theater zu übernehmen. Später sagte er, daß er wahrscheinlich in Berlin geblieben wäre, wenn man ihm Zeesen gelassen hätte. Aber paßte er denn noch in die politisch zerrissene Stadt? Er versicherte, wiederzukehren, als Gast dann, und die eine oder andere Rolle oder Inszenierung im Deutschen Theater zu übernehmen. Am 13. März 1947 schrieb er an den sowjetischen Theateroffizier Major Mosjakow: *In den letzten zwei Tagen haben nun, wie ich Ihnen schon erzählte, Verhandlungen mit dem Bürgermeister von Düsseldorf stattgefunden. Ich habe mich entschlossen, dem Angebot meiner Vaterstadt zu folgen. Ich habe das erst getan, nachdem durch meine Besprechungen mit Langhoff meine Verbindung mit Berlin durch einen neuen Vertrag mit dem Deutschen Theater erhalten blieb. Unter keinen Umständen wäre ich eine engere und längere Bindung mit dem Deutschen Theater eingegangen, und so gehe ich lieber für den Rest der mir verbleibenden Zeit an ein kleineres Theater, das meinem Bedürfnis und meiner eigentlichen Begabung, nämlich dem Theater in seiner Gesamtheit zu dienen, entgegenkommt, als daß ich in der mir nicht liegenden Art von beispielsweise Hans Albers oder Käthe Dorsch als Nutznießer meiner eigenen Popularität im Land herumreise, ohne eine Stelle zu haben, an der ich auf meine Art am Wiederaufbau des deutschen Theaterlebens mitarbeiten kann ... Lassen Sie mich doch bitte wissen, wann Sie einmal eine Probe von «Schatten» sehen wollen ... Zum Schluß danke ich Ihnen herzlich für die Karten für die Boxveranstaltung.*[108]

Seine Inszenierung des «Schattens», einer «Märchenkomödie für Erwachsene» nach Andersen von Jewgenij Schwarz wurde zum stärksten Berliner Theatererfolg nach Kriegsende, ein Meisterwerk an Präzision, Differenziertheit, Atmosphäre und Phantasie. Ein junger Gelehrter besucht ein südliches Land und verliebt sich in die Prinzessin (Gisela Trowe). Er, schüchtern, wirbt nicht selbst, er schickt seinen Schatten, für ihn zu werben. Der Schatten (Heinz Drache), vom Herrn gelöst, nimmt die Gelegenheit wahr, umwirbt die Prinzessin für sich, heiratet sie, ergreift das Zepter und läßt den unbequemen Gelehrten hinrichten. Aber im selben Augenblick, da dessen Kopf fällt, fällt auch der Kopf des Diktators, des Schattens! Also wird der Gelehrte ins Leben zurückgeholt. Der kann seine Aufgabe, die Menschen zu einem glückhaften Leben zu führen, wieder aufnehmen. «Alle meine Erkenntnisse», sagt der Idealist, «sprechen dafür, daß ein Schatten höchstens vorübergehend siegen kann. Die Welt beruht auf uns, den lebendigen, tätigen Menschen.»[109] Nach kommunistischer Auffassung war mit dem Schatten der Kapitalismus gemeint, mit dem Gelehrten und seiner Gesinnungsgenossin Annunziata die Revolution! Die westlichen Kritiker faßten das Stück als allgemeingültiges Gleichnis auf. «Der Unmensch im Menschen bleibt auch in der sozialistischen Ordnung eine Bedrohung.»[110]

In einem Brief an den Theateroffizier Major Dymschitz meldete Gründgens seine Bedenken an, nahm etwaige Kritik vorweg, denn mit der Gestaltung des sogenannten positiven Helden hatte die kommunistische Kulturpolitik schon immer ihre liebe Not. *Die Doppelbödigkeit mancher an sich harmlos klingenden Sätze tritt auf den Proben von selbst immer stärker in Erscheinung. Trotzdem ist es für mich heute, zwei Tage vor der Premiere, noch nicht entschieden, ob es mir gelungen ist, die Welt des Gelehrten und Annunziatas, als die positive Welt, für den Zuschauer eindeutig gegen die Schattenwelt durchzusetzen ... Gegen die Gestalt des Schattens und seiner Umwelt, die für den Zuschauer so interessant, farbig und einfallsreich ist, ist die Welt Annunziatas und die «lebendige, tätige Welt» des Gelehrten nicht stark genug ... (Es ist in der Weltliteratur eine immer wieder zu bemerkende Eigentümlichkeit, daß die Vertreter des bösen Prinzips sich farbiger und bunter abheben, als die Träger der Ideen. Um ein Beispiel zu nennen: Faust und Mephisto.)* Der Rechenschaftsbericht schließt: *An der Wirkung der Aufführung zweifle ich nicht. Meine Hoffnung geht dahin, daß sich die Stimme des Gelehrten und der Annunziata, die Stimmen also des lebendigen tätigen Lebens, in dem bunten Kaleidoskop durchzusetzen vermögen.*[111]

Sie setzten sich durch, wenn auch nicht in der gewünschten Weise. Sigmar Schneider, der Darsteller des jungen Gelehrten, war ein sanfter, romantischer Typ, kein verbohrter, aufbrausender, vorwärtsstürmender, und eben das wurde ihm übelgenommen. Eine positive Figur konnte man sich damals nur hart und aggressiv vorstellen, keinesfalls träumerisch, sich vortastend. Von diesem scheinbaren Makel abgesehen, lobten die östlichen wie die westlichen Journale den «Schatten» überschwenglich. «Gustaf Gründgens veranstaltet ein Brillantfeuerwerk von Regieeinfällen. Er läßt die menschlichen Marionetten bizarr zappeln, läßt steife Menuette der Eitelkeit aufführen, und das Hofzeremoniell wird zur grotesken Revue, zur scharf pointierten Kabarettnummer», schrieb Werner Fiedler in der Ost-Berliner «Neuen Zeit».[112] «Gustaf Gründgens hat den holden Gegenstand durch behutsame Geistigkeit gefiltert und dabei doch den Glockenton des Märchens an keiner Stelle aus dem Ohre verloren ... Das Publikum erwachte erst kurz vor der letzten U-Bahn aus der holden Betäubung ...» So Friedrich Luft in der von den Amerikanern herausgegebenen «Neuen Zeitung».

«Der Schatten» hätte Gründgens' Abschiedsvorstellung sein müssen. Leider wurde dies Wedekinds «Marquis von Keith». Ebenso einhellig, wie der «Schatten» anerkannt worden war, wurde der «Marquis» abgelehnt. Der Regisseur, zugleich Darsteller der Titelrolle, hatte sich etwas vorgenommen. Er entsann sich Wedekinds didaktischer Spielweise, wollte, in Wedekind-Maske, mit dem Stück etwas «aussagen», sprach den Text hart und akzentuiert, mit Bedeutung, anstatt natürlich, und dadurch geriet die Gestalt trocken, steril, monoton – von Dämonie, Vabanque-Spiel, Spiel um Leben und Tod nicht die Spur. Gründgens und sein Ensemble blieben Kleinbürger, Spieler zwar, aber es ging um nichts, um ein bißchen Theater auf dem Theater allenfalls. Walther Karsch im «Berliner Tagesspiegel»: «Das ist es: Diesen Gründgens treibt es nicht, er sitzt und steht daneben.»[113] Steht neben der Rolle, außerhalb der Welt Wedekinds, war gemeint. Das einzige, was haftenblieb, waren die blutroten Handschuhe des Pianisten Zamrjaki (Theodor Popp), der diese auch beim Klavierspielen anbehielt! Das war aber zu wenig für einen ganzen Abend.

Bevor Gründgens' Weggang bekannt war, hatte Wolfgang Harich (Jahrgang 1923) in dem West-Berliner Abendblatt «Der Kurier» geschrieben: «Wenn in Berlin gleich nach der Niederlage grandiose Aufführungen zustande kamen, so lag dies vor allem an der Vorarbeit, die Gustaf Gründgens geleistet hatte, ein früher Pionier einer neuen Theaterepoche, zu Unrecht verdächtigt als Renegat und Opportunist.»[114] Nachdem Gründgens Berlin verlassen hatte, schrieb derselbe Harich in der in Ost-Berlin erscheinenden «Täglichen Rundschau»: «Er hat eben doch nicht, wie seine Freunde unterstellen, Widerstand gegen die Nazis gemacht, die Berliner Theater vor dem nazistischen Ungeist zu retten, sondern die Dinge lagen viel einfacher: ein ehrgeiziger Schauspieler bekam eines Tages durch Mäzenashuld eines theatereifrigen Typs Gelegenheit zur letzten künstlerischen Entfaltung seines eigenen Willens – und griff zu! Mehr nicht. Alles andere war ihm völlig wurscht!» Vor solchen Diffamierungen mußte Gründgens ja geradezu fliehen. In einer derart verlogenen Atmosphäre hätte er niemals leben und arbeiten können.

Die letzten Stationen

Düsseldorf 1947–1955

Fast zwanzig Jahre hatte er das Berliner Theaterleben mitbestimmt. In Düsseldorf fühlte er sich als Gast, als Flüchtling. Aber er war nun wieder Primus. Gründgens irgendwo angestellt, abhängig von den Dispositionen anderer? Das war seit 1934 vorbei. Er war seinem Wesen nach Chef, Patron, Kümmerer. Und ging nun als Alleinverantwortlicher ein neues Risiko ein. Zum Theaterspielen war 1934 die politische Ebene hinzugekommen. Von diesem dunklen Hintergrund hatte sich seine Gestalt lichtvoll abgehoben. Nun in Düsseldorf und später in Hamburg gab es nur noch Theater. Über ein Jahrzehnt hatte ihn niemand ernsthaft kritisieren dürfen. War er nun vor der Berliner Kritik geflohen? Auch in Düsseldorf wurde er nicht geschont. Er war nun mal kein Bahnbrecher, kein Wegbereiter. Er war ein Konservativer, ein Bewahrer ästhetischer und ethischer Werte. Das war vielen zu wenig.

Kaum hatte er sich in Düsseldorf umgesehen, beklagte er, daß sich trotz zweier verlorener Kriege wenig geändert habe. *Wieder kehrt die Gesellschaftsklasse, der ich angehörte, zu den Gewohnheiten zurück, unter denen ich schon als junger Mann gelitten habe.*[115] In Düsseldorf hoffte er eine neue Gemeinschaft aufzubauen, künstlerisch und menschlich. Dieser Autist war ja immerzu auf Kommunikation aus. Es war erstaunlich, mit wie vielen Menschen er sich duzte. Er erinnerte sich an die *harmlose Kollegialität* seiner Mitschüler der Schauspielschule von Anfang der zwanziger Jahre, *von denen es gerade die nettesten sind, die sich bei meiner Rückkehr nicht wieder gemeldet haben, obwohl ich weiß, daß es sie gibt und wo sie wohnen*[116]. Das beklagte er in einem Beitrag für die «Düsseldorfer Nachrichten». In seiner Antrittsrede bei der Übernahme des Schauspielhauses äußerte er, er habe *nur den einen Wunsch, mit Ihnen allen ein gutes entspanntes kameradschaftliches Zusammenarbeiten zu erreichen*[117].

Zuletzt hatte er in der Schumannstraße in zwei intakten Häusern mit ausgezeichnetem technischem Personal gearbeitet. In Düsseldorf war nur das Opernhaus erhalten geblieben, das Schauspiel mußte sich mit dem Saal einer Feuerversicherungsanstalt und der Aula einer Mädchenschule zufriedengeben. Er mußte, und das wollte er auch, von vorn anfangen. *... ich bin nicht nach Düsseldorf gekommen, um Berliner Theater zu machen oder um die Insel, wie wir damals unser Schauspielhaus am Gendar-*

Als Orest neben Marianne Hoppe als Elektra in «Die Fliegen» von Jean-Paul Sartre. Düsseldorf, 1947

menmarkt nannten, hier in neuer Auflage erstehen zu lassen. Solche Versuche sind gedankenlos, unkünstlerisch und entsprechen nicht der Zeit, in der wir leben. Diese Zeiten, in denen ein Theater, wenn es unbeeinflußt Kunst machen wollte, sich von der Umwelt abschließen, sich eben eine Insel nennen lassen mußte, sind Gott sei Dank vorbei, und wir wollen hoffen, daß wir auch nie etwas Ähnliches nur wieder erleben müssen.[118] Ein Programm brachte er nicht mit. Programme lehnte er ab. *Ich glaube, daß ein Theater an die Umwelt gebunden ist, in der es steht, daß die Landschaft es ebenso beeinflußt wie die Menschen, die in ihr leben, wie ich das dogmatische Theater ablehne, das Theater des erhobenen Zeigefingers, so hasse ich das esoterische, abseitige, das eigenbrötlerische Theater, jedes Theater, das sich auf Kosten des Volkes interessant machen will.*[119]

Er begann mit seinem Berliner Ödipus in der Inszenierung des Berliner «Ödipus»-Regisseurs Stroux und in den Bühnenbildern von Herta Böhm, die schon die Berliner Aufführung ausgestattet hatte. Die Iokaste spielte nicht, wie in Berlin, Gerda Müller, sie war dort geblieben, sondern Elisabeth Flickenschildt vom Gendarmenmarkt. «Ödipus» drängte sich auf, weil am Beginn der Spielzeit zu einer neuen Inszenierung nicht Zeit und Material vorhanden waren. Die Düsseldorfer feierten den «Ödipus» gleichwohl als eigene Produktion, nicht ganz zu Unrecht, denn Gründgens hatte sich die Berliner Erfahrungen mit dieser Rolle zunutze gemacht. Gerd Vielhaber: «Gründgens als Ödipus war das Ereignis. Das Vor-Urteil einer komödiantisch hochgezüchteten Artistik, der Hypertrophie einer Narzißnatur, wird dem Phänomen seiner mimischen Kunst nicht gerecht. Gewiß: kein Wort, keine Bewegung ist bei ihm unkontrolliert, er verliert sich nie, er weiß um jede Nuance, er verfügt wohl über den sensibelsten Kunstverstand unter den heutigen Darstellern – aber dies ist seine Stärke.»[120]

Sechs Wochen später, am 7. November, folgte die deutschsprachige Erstaufführung von Sartres «Fliegen». Orest: Gustaf Gründgens; Klytämnestra: Elisabeth Flickenschildt; Antigone: Marianne Hoppe. Das Stück um die Entscheidungsfreiheit, aber auch Entscheidungspflicht jedes einzelnen richtete sich gegen Diktatur, Terror, Kirche, aber auch gegen die Verzweiflung, Erstarrung und Trägheit des selbstverantwortlichen Individuums selbst. Gründgens in der Rolle des Orest und als Regisseur brachte den geistigen Gehalt dieses Widerstandsdramas klar zum Ausdruck. Er selbst, eiskalt, gezügelt, eindringlich, fast ganz ohne Posen, spielte mit dem Orest gleichzeitig den Animator, den Spielgestalter.

Wenn Hauptrollen mit auswärtigen Kräften besetzt wurden, war das zwar Theater in Düsseldorf, aber kein Düsseldorfer Theater. Zu den hauseigenen, zum Teil noch aus der Dumont-Tradition stammenden Schauspielern kamen prominente Gäste. So war es an fast allen großen westdeutschen Theatern. Durch Krieg, Luftangriffe und Zusammenbruch waren viele Schauspieler von Berlin vertrieben worden. In Stuttgart, München, Hamburg und Düsseldorf trafen sie sich wieder.

Zu den künstlerischen Problemen kamen die sozialen. Es gab keinen Wohnraum und wenig zu essen. Der Theaterwissenschaftler Rolf Badenhausen, der Gründgens wie viele andere aus Berlin gefolgt war und den er zu seinem Stellvertreter und zum Leiter der dem Theater angeschlossenen Schauspielschule machte, mußte eine Zeitlang in einem Luftschutzbunker hausen, einige Schauspieler in Theatergarderoben und Kellern zerbombter Häuser. Gründgens kümmerte sich auch um ihre privaten Belange, wandte sich ein übers andere Mal an die Stadtverwaltung um Hilfe.

Badenhausen nahm er eine Zeitlang in seiner und Peter Gorskis Wohnung in der Cäcilienallee auf. Von Marianne Hoppe war er 1946 geschieden worden. Peter Gorski wurde sein Lebensgefährte. 1949 adoptierte er ihn. Fast alle Schauspieler, die er einlud, kamen, die einen früher, die anderen später: Käthe Gold, Antje Weisgerber, Paula Denk, Marianne Hoppe, Max Eckard, Werner Krauß, Paul Hartmann, Horst Caspar, Fritz Kortner, Heinz Drache, Gustav Knuth, Paul Henckels, Peer Schmidt. Aus England reisten Sybille Binder und Adolf Wohlbrück an.

Es hatte den Anschein, als wollte sich Gründgens in der ersten Spielzeit von möglichst vielen Seiten zeigen. Schon am Tage nach der «Ödipus»-Premiere hatte er sich mit der «Hochzeit des Figaro» als Opernregisseur vorgestellt. Als Generalintendant war er auch für Oper und Operette verantwortlich, eine Last, von der er sich erst 1951 befreien konnte. Nach Ödipus und Orest spielte er mit leisesten Mitteln den Arzt Trigorin in Tschechows «Möwe». In der zweiten Spielzeit holte er zwei bewährte Rollen wieder hervor, den Snob, diesmal in eigener Regie, und den Mephisto in einer Wiederholung seiner Berliner Inszenierung von «Faust» I. Mit «Faust» gastierte das Düsseldorfer Schauspielhaus erfolgreich bei den Festspielen in Edinburgh, obwohl radikale Kreise mit einem Flugblatt (Gründgens als Soldat) vor diesem «Nazischauspieler» gewarnt hatten. Sein Versuch, Goethes Tasso zu interpretieren, mißriet. An Erich Ziegel schrieb er: *Am 14. Januar hatte ich Premiere von «Tasso» mit Marianne als Prinzessin, die ganz wunderbar war und alles um sich herum zart und pastellfarben an die Wand drückte – den Endesunterzeichneten nicht ausgeschlossen. Und trotzdem war es eine schöne Aufführung und vor allen Dingen wunderbare Proben. Wenn ich es auch zweifellos vor 10 Jahren müheloser gekonnt hätte, so war es doch noch möglich, und mir lag daran, zu zeigen, daß der Tasso nichts mit dem Carlos zu tun hat, und daß es eine Tragödie des Geistes ist, die in strengen Maßen und Formen vor sich geht.*[121] Dieser in sich gekehrte, allzu kühle Tasso stieß auf Ablehnung. Einsichtsvoll gab Gründgens die Rolle an Horst Caspar weiter.

Gründgens und seine Regisseure Hans Schalla, Günther Lüders, Ulrich Erfurth absolvierten das obligatorische Stadttheaterprogramm, unterbrochen von einigen der üblichen «Neuheiten». Elisabeth Flickenschildt durfte ihr Stück «Der Föhn» inszenieren. Das gute Dutzend Premieren im Jahr war nur durch schauspielerisches Niveau und die Qualität der Regie den meisten westdeutschen Bühnen überlegen. Die Attraktion blieb Gründgens, der, wenn er auftrat, ein Spielhonorar bekam. Das kostete das Theater nichts, denn für seine Vorstellungen wurden die Eintrittspreise erhöht. Er spielte den Josef K. in der eigenen Inszenierung des «Prozesses» von Kafka in der Bearbeitung von André Gide und Jean-Louis Barrault, und zu seinem 50. Geburtstag zum erstenmal seit Berlin den Hamlet, seinen Hamlet, und gratulierte, beschenkte und feierte sich damit selbst.

An diesem Tag erreichte ihn auch ein Brief des Berliner Regierenden Bürgermeisters Ernst Reuter: «In Verbindung mit der Wiederherstellung des Schillertheaters möchte ich den Gedanken an Sie heranbringen, hier-

Düsseldorf, 1948

her zurückzukehren ... wo Sie als Künstler sicher eine der besten Entfaltungsmöglichkeiten haben würden.»[122] Gründgens fuhr nach Berlin, besprach sich mit Reuter, sondierte das Gelände und kam, obwohl er beträchtliche Schwierigkeiten in Düsseldorf hatte und noch größere voraussah, zu einer Ablehnung. In einem Brief an den Berliner Intendanten Boleslav Barlog: *Ich war über die Hektik und Überspitztheit in Berlin ziemlich verbiestert, wenn ich es auch bei der Gesamtsituation verstehen kann. Was soll man denn um Gottes Willen anderes machen, als den Vorhang über einer möglichst anständigen Vorstellung hochgehen zu lassen. Aber ich fürchte ein bißchen, daß meine Art, Theater zu machen, zu simpel und einfallslos ist, um in der heutigen Situation als ein Fortschritt gewertet zu werden. Mir fällt weder ein, dem Carlos ein drittes Bein aus Pappe anzukleben, noch «Romeo und Julia» bei geschlossenem Vorhang zu spielen. So etwas Ähnliches muß man ja wohl tun, wenn man künstlerisch taufrisch erscheinen will. (Ich will es übrigens überhaupt nicht.) In den Tagen, in denen ich in Berlin war, las ich von einer Aufführung, in der die Schauspieler über Lautsprecher sprachen und nur im Spiegel zu sehen waren.*[123]

Den ersten großen Ärger in Düsseldorf gab es, als die Stadtverwaltung seinen dreijährigen Vertrag nicht verlängern zu wollen schien. Daraufhin kündigte das ganze Ensemble! Man hatte aber höheren Orts nur geschlampt. Gründgens und seine Getreuen blieben. Aber war er denn Herr im Haus? Kunst- und fachfremde Beamte und Ausschüsse wollten ihm dreinreden. Sachbearbeiter, die er gar nicht kannte, liefen durch sein Haus, durchquerten während der Proben den Zuschauerraum, allein und in Gruppen, und Gründgens kam sich vor wie der Direktor eines Bahnhofs. Auch über seinen Etat konnte er nicht frei verfügen, der war in ängstlich überwachte Ressorts eingeteilt. Gründgens mußte mit Rücktritt drohen, damit das alles geändert wurde. Sein Ziel war: Unabhängigkeit von den Behörden. Eine von Stadt, Land, Wirtschaft und Gewerkschaften getragene Neue Schauspiel GmbH wurde gegründet, alleiniger, nur dem Oberstadtdirektor verantwortlicher Geschäftsführer und künstlerischer Leiter: Gustaf Gründgens. Die Oper wurde eine Institution für sich. Bei Eröffnung des neuen Schauspielhauses in der Jahnstraße, des für 1,5 Millionen DM umgebauten Operettentheaters, trat der Vertrag in Kraft. «Die Räuber» standen am 13. September 1951 auf dem Programm, Regie und Franz Moor: der Hausherr.

Noch im selben Monat machte Berlin ihm deutlich (wenn er es nicht schon wußte), wo er stand, worin er sich verfing. Es kam zur Konfrontation, als er sich an den Berliner Festspielen mit Thomas Stearns Eliots «Cocktail Party» beteiligte, seiner nach «Familientag» zweiten Eliot-Inszenierung. Gründgens war seinen Prinzipien Ordnung und Klarheit untreu geworden. Schon auf den Proben zum «Familientag» hatten die Schauspieler immer wieder nach dem Sinn dessen, was sie zu sprechen hatten, gefragt. Der Regisseur Gründgens wußte es selber nicht! Der rheinische Kritiker Gerd Vielhaber hatte über «Cocktail Party» geschrieben: «Der Dichter spricht, obwohl er die Formelemente der antiken Tragödie sich nutzbar macht, in der Alltagssprache des 20. Jahrhunderts, aber er bindet sie wieder in einer rhythmisch klaren, durchleuchteten Stilisierung. So entsteht eine schwirrende Atmosphäre der Unterschichten, die Botschaft zwischen den Zeilen. Die verdorbene und unverdorbene Wahrheit tritt zutage. Dann blitzt es.»[124] «Schwirrende Atmosphäre der Unterschichten», wer kann sich darunter etwas vorstellen? Walther Karsch im «Tagesspiegel»: «Tiefe, die sich unklar gibt, ist immer höchst verdächtig.»[125] Herbert Jhering: «Diesen gedunsenen Tiefsinn, der von allen Philosophen nascht, ohne einen einzigen klaren Gedanken zustande zu bringen, weisen die vernünftigen Berliner von sich. Sie sehen dahinter eine geistige Unredlichkeit, weil der berühmte englische Autor, der Dichter des ‹Mord im Dom› und ‹Familientag›, zu glauben scheint, er brauche nur einen geheimnisvollen Seelenarzt in eine zerrüttete Ehe und eine geschwätzige Cocktail-Party einzuführen und habe schon Gerichtstag über die englische Gesellschaft gehalten ... Sein Drama unterscheidet sich im Grunde nicht von den Künsten eines Handlesers, Wahrsagers oder Sterndeuters.»[126]

Auch die Inszenierung wurde unterschiedlich beurteilt. Vielhaber: «In den Inszenierungen [der Eliot-Stücke] von Gründgens sind folgerichtig Bewegung, Aktion und Gefühle einem referierenden Stil von gläserner Korrektheit untergeordnet. Die nüchterne Konsequenz klärender, erregender Gespräche herrscht.»[127] Jhering: «Bestürzend war auch die Aufführung. Gustaf Gründgens ist, das wissen wir alle aus seinen Berliner Jahren, ein lebendiger, funkelnder, immer wieder überraschender Theatermann. Aber er braucht wie die meisten großen Künstler auch Widerspruch, Gegenbeispiel, Auseinandersetzung, nicht betrieblicher, organisatorischer, behördlicher Herkunft. Fern von Berlin und seinen widerstreitenden Meinungen ist der sonst Verblüffende und sich Wandelnde in dieser Vorstellung auf dem früher in lebendiger, schöpferischer Abwehrstellung erkämpften Stil des Staatstheaters stehengeblieben, über den er vor drei Jahren mit seinem ‹Snob› [des Berliner Ensembles Bertolt Brechts] und seiner Inszenierung des ‹Schattens› von Jewgenij Schwarz schon hinausgekommen war. Die Darstellung der ‹Cocktail Party› schien aus dem Eisschrank genommen zu sein, in dem seit 1944 die Staatstheater-Aufführungen gelegen hatten. Die große Form, der strenge Stil, der in der Hitlerzeit eine notwendige Verteidigung gegen die Banalisierung und Trivialisierung der Sprache war, hat längst diese Funktion verloren und wirkt heute nicht als Abwehr gegen die Wortbarbarei, sondern im Gegenteil fast wie Denkmalsstarre und Konservierung der Vergangenheit ... Gustaf Gründgens selbst ist eine viel zu gegenwärtige, viel zu neugierige Begabung, um nicht in Berlin zu merken, daß er sich festgefahren hat. In demselben Augenblick aber, wo er es erkennt, wird er schon beginnen, sich künstlerisch wieder zu verjüngen. Man kann heute um Aufführungen wie ‹Die Mutter› und ‹Mutter Courage› nicht herumkommen. Sie sind nicht Muster, die übernommen werden sollen, aber sie zeigen den Schauspielern und den Regisseuren, wie große Gegenstände ohne Pathos, aber doch formgebunden, leicht, aber mit leiser Eindringlichkeit gespielt werden können.»[128]

Brecht-Entdecker Jhering landete, wie in den meisten seiner Schriften,

119

bei Brecht. Aber Gründgens hatte ja schon einmal den Versuch unternommen, ein Stück von Brecht aufzuführen, wenn auch nur eines aus den späten zwanziger Jahren. Anfang 1949 hatte er von Brecht ein Brieftelegramm erhalten. Brecht war nach Berlin zurückgekehrt, hatte im Deutschen Theater seine «Mutter Courage» inszeniert, mit durchaus nicht einhelligem Erfolg, und spürte bereits «den stinkenden Atem der Provinz hier» [129]. Das Telegramm: «Sie fragten mich 1932 um die Erlaubnis, ‹Die heilige Johanna der Schlachthöfe› aufführen zu dürfen. Meine Antwort ist ja.» [130] Gründgens kabelte zurück: *Über Brief zu Tode erschrocken – freue mich aber sehr daß Sie sich noch daran erinnern und bitte mir Buch umgehend zukommen zu lassen.* [131] Er fand dann das Stück *herrlich wie am ersten Tag* [132] und suchte Fritz Kortner für die Rolle des Mauler zu gewinnen. Schon 1932 hatte er den Mauler mit Kortner besetzen wollen. *Ich habe eine gewisse Neigung*, schrieb er ihm jetzt, *das Symbolhafte darin zu sehen, und wäre glücklich, wenn wir das damals Versäumte nachholen könnten. Es wäre so etwas wie ein Triumph des Geistes über die Zeit.* [133] Kortner, ebenso empfindlich und kompliziert wie Gründgens, war aber so ohne weiteres zum Handschlag mit dem ehemaligen Göring-Günstling nicht bereit. Das Projekt zerschlug sich.

Auch in Düsseldorf wurde Gründgens wegen seines Spielplans angegriffen. Von Theaterseite wurde auf die große Zahl der Erst- und Uraufführungen hingewiesen. Aber Erst- oder Uraufführungen an sich bedeuten nichts. Es kommt auf den Inhalt der Stücke an, ihren Sinngehalt. Trafen sie den Nerv der Zeit? Die Gründgens-Welt schwebte über dem Boden der Wirklichkeit. Für allzu genaue Darstellung des Alltags auf der Bühne hatte der Intendant nichts übrig. Auch das absurde Theater war ihm fremd. Er wies auf die nahe beieinander liegenden Bühnen an Rhein und Ruhr hin. Deren Spielpläne sollten nicht gleich sein, sondern einander ergänzen. Wer also zum Beispiel Tennessee Williams oder Brecht sehen wollte, sollte in die umliegenden Städte fahren – und auch wieder zurück, nachts mit der Eisenbahn, wenn nach Schluß der Vorstellung noch ein Zug fuhr.

Er haßte abstrakte Malerei, Tachismus, Zimmertheater, später kamen Theaterstücke im Fernsehen hinzu. In der Malerei mußte er Gegenstände erkennen können, was ihn nicht hinderte, mit abstrakten Malern befreundet zu sein. Theateraufwand und -einsatz für eine Handvoll Menschen in einem Zimmer war für ihn Verschwendung. Und das Fernsehen sollte Fernsehspiele bringen und nicht den Bühnen die Stücke wegnehmen, das sei Diebstahl. Als Repräsentant der Adenauer-Restauration – 1954 verlieh ihm der Bundespräsident Theodor Heuss das Große Verdienstkreuz mit dem Stern des Verdienstordens der BRD –, vertrat er seinen Standpunkt mit Festigkeit und Würde, und Gründgens-Premieren waren nach wie vor Sensationen, seine Vorstellungen immer ausverkauft. Das Volk kam von weit her, Kritiker reisten aus ganz Deutschland an.

Aber immer häufiger mußte er ausspannen, in Sanatorien Heilung, zumindest Milderung seiner Leiden suchen. Seh- und Sprachstörungen nahmen zu. Einige Vorstellungen konnte er nur lallend zu Ende spielen. Ge-

Mit Bundespräsident Theodor Heuss bei der Verleihung des Großen Verdienstkreuzes, 1954

gen seine Schlaflosigkeit mußte er Mittel nehmen, gegen seine Migräne Morphium. Doch hatte er sich so in der Gewalt, daß er zu der Droge nur als einem letzten Mittel griff. Ein Teil der Presse kreidete ihm auch seine Krankheiten an. Durch besondere Attacken suchte der Kritiker der «Rheinischen Post», Johannes Jacobi, auf sich aufmerksam zu machen. «Düsseldorf, 24. März 1952. Das deutsche Theater hat einen bedeutenden Ausfall zu verzeichnen. Krank kann jeder einmal werden. Gustaf Gründgens aber, der Leiter des Düsseldorfer Schauspielhauses, kam gerade von einer mehrwöchigen Erholung aus dem Schwarzwald zurück. Dort wollte er sich in einem Sanatorium von den ‹Nadelstichen› erholen, die ihm letzthin in der Öffentlichkeit versetzt worden seien. Als er zurückkam, probierte er ein bißchen am ‹Gattenmord› von Rehberg. Aber die geplante Uraufführung war aufgrund des Textes in einer westdeutschen Zeitung als obszön torpediert worden. Also gab es Gründgens nach einigen Tagen auf und veröffentlichte eins der von ihm so geschätzten ‹Kommuniqués›. Danach muß er zunächst eine im Sommer unausgeheilte ‹Neuritis› kurieren ... Wie wir aus ärztlichen Kreisen erfahren, muß die bekannte ‹Migräne›, an der Gründgens seit Jahren leidet, nunmehr tiefgreifend behandelt werden. Den Besuchern von Gründgensvorstellungen war es nicht nur in Düsseldorf, sondern auch bei Gastspielen längst nicht mehr verborgen, daß der Schauspieler Gründgens die Aufführungen nur noch mit ärztlicher Unterstützung bewältigen konnte. Sie erforderte oft lange Zwischenpausen. Die Wechselwirkung zwischen Krankheit und Medikament führten einen Zustand herbei, zu dessen Behebung sich Gründgens, dem Vernehmen nach, in die langwierige Behandlung eines namhaften Schweizer Psychotherapeuten begeben hat.»[134]

Das waren keine Nadelstiche, da rüttelte einer am Fundament. Einen Monat später mußte Gründgens gegen einen Ministerialrat prozessieren. Das Urteil lautete: «Der Beklagte wird verurteilt, a) folgende Behauptungen zu widerrufen: der Kläger habe auf Kosten der Stadt Düsseldorf seine Möbel gekauft; der Schauspieler Gründgens sei ein Akrobat und Jongleur der Bühne; ihm, dem Beklagten, sei schon bei Eintritt des Herrn Gründgens in sein Zimmer das ‹Fatzkenhafte› seines Wesens, sein ewiger Hang zum Schauspielern aufgefallen; der Kläger sei ein Fatzke.»[135]

Es gab fast nichts mehr, was ihn nicht verbitterte. Er pendelte zwischen Theater und Wohnung hin und her, sprach außerberuflich mit niemand, und zu Hause verbrachte er die meiste Zeit im Bett. Der Charmeur verkroch sich. Schlaflos, las er viel, mit Vorliebe Romane von Balzac, Tolstoj, Proust, Laurence Sterne, Faulkner, Henry Miller, legte auch gern Schallplatten auf, von Mozart bis Tschaikowsky, aber auch Jazz. Die einzige Bezugsperson war Elisabeth Flickenschildt. Aber auch Flicki verriet ihn. 1952 bat sie um Urlaub, um am Berliner Schiller-Theater in Jürgen Fehlings Inszenierung von «Maria Stuart» die Elisabeth zu spielen. Die Schauspielerin war aber bis 1954 fest an das Düsseldorfer Schauspielhaus gebunden, und ihr Intendant gab sie nicht frei, nicht für Fehling, er warnte vor Blamage und Reinfall, Fehling litte an Paralyse und sei unberechenbar. Der Kampf um diesen Urlaub zog sich wochenlang hin, schließlich kam es zu einer ergebnislosen Auseinandersetzung, die den Freund und Intendanten sehr mitnahm, es fiel ihm schwer, diesen Schatz seines Ensembles seinem Antipoden Fehling zu überlassen. Am selben Tag noch schrieb er seiner Flicki einen Brief. *Ich weiß jetzt ganz genau, wie meine Antwort auf Deine Frage lauten muß: Ja. Tu, was Du tun mußt.*[136] Er gab sie nicht nur für Fehling frei, der tiefgekränkte Mann gab sie überhaupt frei, nicht für immer, aber zunächst einmal annullierte er ihre sämtlichen gemeinsamen Vorhaben. ... *irgend etwas will den Umgang mit meinen Mördern nicht mehr, und damit tu' ich ihnen ja gar nichts. Sie werden weiter ihre Attentate auf mich ausüben, und wenn man ihnen wieder zu Kräften verhilft, werden sie dann vielleicht vor Toresschluß mich doch noch treffen. Mir ist es gleichgültig, und mein Wunsch, nichts damit zu tun zu haben, ist ein stiller, passiver, unaktiver, der sie nicht schädigt.*[137]

Kaum war Elisabeth Flickenschildt nach der letzten Vorstellung von «Maria Stuart» nach Düsseldorf zurückgekehrt und hatte ihre Wohnung betreten, rief Gründgens an. *Ich weiß alles, ich habe alles gehört. Du hast eine scheußliche Perücke auf dem Kopf gehabt. Du hast ein scheußliches gelbes Samtkleid gehabt und hast in der Szene mit der Maria in Fotheringhay zwanzig Minuten mit dem Rücken zu den Zuschauern gestanden!*[138] Die Flickenschildt erwiderte: «Ich glaube, es war seine letzte Inszenierung. Bedenke, was das heißt!»[139] Gründgens seufzte und legte den Hörer auf.

Seine Mitarbeiter wußten, wieviel Selbstüberwindung und Kraft ihn seine Arbeit kostete. Der von einigen schon Abgeschriebene war dann aber doch noch sehr aktiv. Zwischen den Depressionen und Krankheitsschüben erholte er sich immer wieder zu erstaunlichen Leistungen. Den

Vor dem Bildnis der Mutter

«Gattenmord» ließ er von Hans Rehberg umschreiben, und in eigener Inszenierung spielte er Pirandellos «Heinrich IV.», Premiere am 20. April 1952. Er schloß damit eine Spielzeit ab, in der er «Die Räuber», «Wie es euch gefällt» mit Paula Denk als Rosalinde, «Venus im Licht» von Christopher Fry mit Adolf Wohlbrück, Raimunds «Alpenkönig und Menschenfeind» mit Fritz Kortner als Rappelkopf inszeniert hatte! Mit anderen Regisseuren hatten neun weitere Stücke Premiere, unter diesen Calderóns «Leben ein Traum» und Büchners «Dantons Tod». Und da kreidete man ihm ein paar Tage Erholung im Schwarzwald an und eine schließ-

Elisabeth Flickenschildt

lich doch nicht zustande gekommene Kur in der Schweiz! Wie Brecht hätte sich Gründgens über den «stinkenden Atem der Provinz hier» empören können.

Pirandellos Heinrich IV. war sein Übergang zu den Altersrollen: Ein Bürger im Wechsel zwischen echtem und simuliertem Wahnsinn in einem tragischen Spiel vom Spielen von Rollen im Leben. Ein vom Wahnsinn Geheilter flieht nach einem Mord aus Eifersucht in die schützende Maske der Geistesgestörtheit zurück. Die Studie eines Menschen zwischen Schein und Sein, eine Paraderolle für einen Virtuosen, für Gründgens ein großer Erfolg, und seine Gegner waren für eine Weile zum Schweigen verurteilt.

1952/53 machte er sich rarer. Er holte zwei neue Regisseure. Lothar Müthel inszenierte «Minna von Barnhelm» und der Bühnenbildner Willi Schmidt, der in Berlin das Regieführen erlernt hatte, Shaws «Candida». Gründgens selbst inszenierte die deutsche Erstaufführung von Jean Cocteaus «Bacchus». In einem süddeutschen Kleinstaat wird jedes Jahr für eine Woche die Ordnung aufgehoben und, zum Spaß, einem gewählten «Bacchus» die Regierungsgewalt übertragen. Die Junker wählen den Dorftrottel, der sich jedoch als Revolutionär entpuppt und den Privilegierten an den Kragen will. Der Kardinal Zampi, auf der Durchreise, teilt zwar die Meinungen des Jungen, will ihn aber in die gottgewollte Ordnung zurückholen. Aus Spiel wird Ernst. Bacchus soll verbrannt werden. Ihn vor den Flammen zu bewahren, erschießt ihn ein Anhänger mit der Armbrust. Der Kardinal täuscht eine Bekehrung des Jungen vor und läßt ihn christlich begraben. Das Disputierstück erschöpft sich in Aphorismen, bleibt Spiel mit Worten. Cocteau, zu den letzten Proben an den Rhein geeilt, fand alles wunderbar, besonders Gründgens als Kardinal und Martin Benrath als Bacchus.

Die Entdeckung des Abends war Martin Benrath, der von der Ost-Berliner Volksbühne über den Deutsch-Englischen Theaterclub im British Center zu Berlin nach Düsseldorf gekommen und Gründgens auf der Bühne durchaus ebenbürtig war. Das wurde von den Kritikern auch anerkannt, mit Ausnahme von Johannes Jacobi, der beanstandete, daß Gründgens keine gleichrangigen Darsteller neben sich dulde. «Wir warten auf Gestalten, die dem Gewicht des Hausherrn ‹contra geben› können und – dürfen.»[140] Der Schauspieler Peter Esser, Senior des Ensembles und in «Bacchus» Partner von Gründgens, schickte an die «Rheinische Post» einen geharnischten Protest, und Rechtsanwalt Werner Schütz, dem Theater verbunden, verbat sich in einem Brief an einen der Herausgeber, daß Jacobi «das Düsseldorfer Schauspielhaus und dessen Angehörige in unsachlicher, gelegentlich gehässiger Art und Weise behandelte»[141].

In dieser Spielzeit inszenierte er nur noch «Undine» von Giraudoux mit Käthe Gold und Max Eckard. 1953/54 war er wieder produktiver. Er spielte drei Rollen und inszenierte drei Stücke, unter ihnen zwei Uraufführungen: den von Hans Rehberg umgeschriebenen «Gattenmord» und «Herrenhaus» von Thomas Wolfe. «Gattenmord», eine schaurig überla-

125

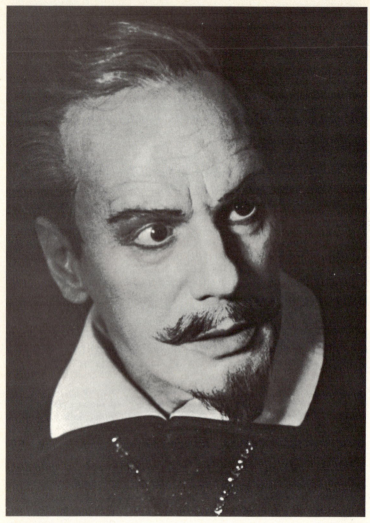

Als Wallenstein, 1955

dene Atriden-Tragödie, mißlang. Anerkennenswert nur, daß Gründgens seinem ehemaligen Hausautor, seinem lieben Hans, die Treue hielt, wenn auch unter Verlusten. Im «Herrenhaus» handelt es sich um Niedergang, Fall und Verlöschen einer alten Aristokratenfamilie in den Südstaaten Nordamerikas in den sechziger Jahren des vorigen Jahrhunderts. General

Ramsey ist die Verkörperung der zum Untergang bestimmten alten Zeit, sein Haus Symbol des alten Glaubens.

Begonnen hatte er die Spielzeit mit «Wallensteins Tod», aber er spielte den Wallenstein älter und kränker, als er von Schiller gemeint war. Schillers erste Regiebemerkungen, Wallenstein betreffend, lauten: «in Nachsinnen versunken», «mit sich selbst redend» und «er bleibt tiefsinnig stehen». So spielte Gründgens aber die ganze Rolle, weniger mit Partnern, sondern in Selbstbetrachtungen vertieft. 1955 gastierte er mit «Wallensteins Tod» dem Bundespräsidenten Heuss zuliebe auf den Stuttgarter Schiller-Tagen. Für diese eine Aufführung änderte er einiges an seiner Inszenierung und auch an seiner Maske: statt der weichen Tolle trug er nun eine harte Kurzfrisur mit Spitzbart, seinen ersten Bart. Und er benutzte einen Stock zum altersstarren, herrischen Auftrumpfen und um sich in den letzten Szenen tief gebeugt auf ihn zu stützen.

Anfang September 1954 verkündete er auf einer Pressekonferenz seine Pläne für die nächsten drei Spielzeiten. Wenige Tage später gingen zwei Herren am Rande des Grafenberger Waldes spazieren, weit genug von Düsseldorf entfernt, um vor Augenzeugen sicher zu sein. Der Kultursenator von Hamburg warb den Intendanten von Düsseldorf ab. Die «Tochter Europas» gab dem Wunsch von Gründgens ohne weiteres nach, und einige Tage später wurde bekanntgegeben, daß dies seine letzte Spielzeit in Düsseldorf sei. Er inszenierte unter anderen Eliots «Privatsekretär» und als abschließenden Höhepunkt «Marschlied» von John Whiting, die Geschichte eines Generals, der den Anmarsch seiner Truppe von einer Schar vorbeiziehender Kinder aufhalten läßt, die Schlacht verliert und vor ein Kriegsgericht gestellt wird. Das Stück: ein Humanitätsappell. General Forster: Gustaf Gründgens. Damit hatte er sein Pulver verschossen. Seine Kritiker behaupteten, er brauche längst ein neues Publikum. Er selbst fürchtete Erstarrung, *Stagnation*[142]. Dem Regierungspräsidenten Kurt Baurichter schrieb er zum Abschied: *Wenn ich jetzt von Düsseldorf weggehe, so tue ich es in dem berechtigten Gefühl, der Kunststadt auf dem Gebiet des Schauspiels den Ruf zurückerobert zu haben, den es zu Zeiten der Louise Dumont oder Gustav Lindemann gehabt hat.*[143]

Hamburg 1955–1963

Ich glaube, wir Künstler müssen von Zeit zu Zeit das Milieu wechseln und uns vor neue Probleme gestellt sehen, wenn wir für unsere Aufgaben frisch bleiben wollen ... Ich habe mich, was mich persönlich angeht, bei der Gestaltung des Spielplans des ersten Jahres bis auf zwei Uraufführungen auf Werke zurückgezogen, die ich zwar für Standardwerke des Theaters halte, die mir aber nicht fremd sind. Ich habe das getan, um Kopf und Herz möglichst frei zu haben für den Gesamtbetrieb und mich der Mentalität der Stadt, die ich zwar aus meinen glücklichsten Theaterjahren kenne und im Gefühl zu haben glaube, aufmerksam anzuschmiegen. Das muß in diesem ersten Jahr meine Hauptaufgabe sein ... Meine Bitte an Sie ist: Kommen

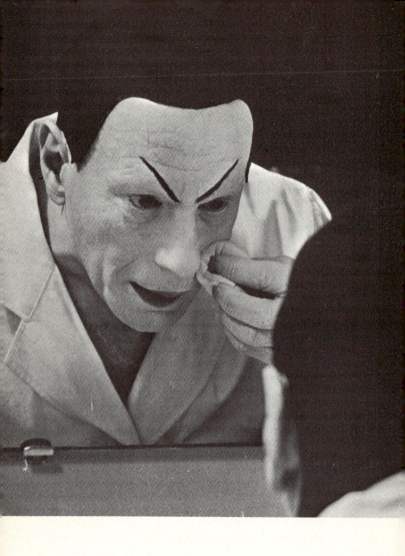

Sie mir unbefangen und unvoreingenommen entgegen, so, wie ich unbefangen und unvoreingenommen an Sie herantrete. Dann werden wir eine gute und der Kunst und dem Theater dienliche Zeit miteinander haben.[144]
So Gründgens in seiner Rede an die Mitglieder des Deutschen Schauspielhauses in Hamburg am 1. August 1955.

Die Standardwerke: «Wallensteins Tod», «Herrenhaus» und Eliots «Privatsekretär»; die Uraufführungen: Zuckmayers «Das kalte Licht», ein Stück um den Atomspion Fuchs, und Hans Henny Jahnns «Thomas

Chatterton», die Tragödie eines ichbesessenen, verkannten, zum Selbstmord getriebenen Künstlers. Hauptattraktion wurde der Wallenstein, und vor den Kassen des Schauspielhauses bildeten sich, wie weiland vor dem Staatsschauspiel, sonntags morgens die sogenannten Theaterschlangen. *Ich überlege mir immer, warum ich der beste Kassenschlager seit der Bergner bin, aber ich komme nicht drauf. Ich habe eine Glatze, trage eine Brille, habe keine Stimme, und auch sonst nicht viel aufzuweisen.*[145] Nun, er trat ja niemals ohne Perücke auf, und seine Stimme hatte viel vom ehemaligen Schmelz und Vibrato behalten. Aber nicht immer funktionierte der «Kassenschlager». Einmal schrieb er an seinen Verwaltungsdirektor: *Die gestrige Aufführung von Curt Goetz' «Nichts Neues aus Hollywood» hat das Einnahmesoll nicht erreicht. Aus diesem Grunde bitte ich, von einer Überweisung des mir zustehenden Auftritthonorars Abstand zu nehmen.*[146] Ihm standen 1500 DM für eine Vorstellung zu. Anfangs wollte er nur 1000 DM haben. Dann machte das Finanzamt Sperenzchen, und kurzerhand erhöhte er die Summe auf 1500. Wie in Düsseldorf war er sein eigener Geschäftsführer. Nach einem damals neuen und sehr ausgeklügelten, komplizierten Vertragssystem gelang es ihm, mit einem Mindestmaß an Subventionen zu wirtschaften. Fachleute attestierten ihm, er wäre ein ausgezeichneter Finanzminister geworden.

Seine Arbeit in Hamburg hatte vier Höhepunkte. Über sie wurde weit über Hamburg hinaus debattiert. Mit einer Ausnahme: Hebbels «Gyges und sein Ring», Regie und in der Rolle des Kandaules Gustaf Gründgens. Den Gyges spielte Sebastian Fischer, die Rhodope Joana Maria Gorvin. Karsch: «Ein Gewebe aus Geist und Poesie. Hebbels ausweglose Dialektik, in der sich die drei verfangen, wird von ihnen intelligent, überzeugend und tödlich auseinandergefaltet ... Noch nie war der Rezensent so einbezogen wie hier bei Gründgens von den Hebbelschen Argumenten in ein tödliches Netz, das dann mit dem ‹Nun rühre nimmer an den Schlaf der Welt!› zugezogen wird.»[147]

In das mit 1600 Plätzen größte deutsche Schauspielhaus waren ihm nicht alle, die er aus Düsseldorf mitnehmen wollte, gefolgt, aber Elisabeth Flickenschildt, Max Eckard, Ullrich Haupt, Ulrich Erfurth hielten ihm die Treue, auch der Bühnenbildner Caspar Neher machte immer wieder mit. Andere, so Heidemarie Hatheyer und Antje Weisgerber, standen nur für einige Aufgaben zur Verfügung, dann wanderten sie ab, was Gründgens schockierte, der Profi nahm ja alles auch sehr persönlich. Von den 46 Schauspielern, die das Ensemble gebildet hatten, hatte er siebzehn gekündigt. Sie mußten ersetzt werden. Heinz Reincke kam, Maximilian Schell, Hanne Hiob, Will Quadflieg, Marianne Hoppe. Wie in Berlin und Düsseldorf bildete sich um Gründgens ein Ensemble, das zu den allerersten in Deutschland zählte, ein Miniatur-Elite-Ensemble, wie sein Chefdramaturg Günther Penzoldt es nannte.

Die vier Hamburger Höhepunkte waren «Faust» I und II, Brechts «Heilige Johanna der Schlachthöfe», die beiden Durrell-Uraufführungen und Gründgens als Philipp in «Don Carlos». Aber obenan, zeitlich und an Bedeutung, steht der «Faust» mit Gründgens als Mephisto, so daß einige

Vorspiel auf dem Theater mit Hermann Schomberg und Will Quadflieg, 1957

Kritiker nun schon fürchten, von Gründgens werde nicht viel mehr in Erinnerung bleiben als sein Hamburger Mephisto, gefeiert als der Mephisto des 20. Jahrhunderts, zumal er uns durch die Verfilmung des ersten Teils erhalten geblieben ist.

Ich sah mir Fotografien der vergangenen Aufführungen an, die samt und sonders große Erfolge gewesen waren, und stieß mich an dieser Fülle von Pappe, Sperrholz, Podesten und Prospekten. Und dann kam mir beim Durchlesen des Vorspiels auf dem Theater – das ich bis dahin nie gespielt hatte – der Gedanke, von dort aus das Stück zu inszenieren.

Ich setzte mich mit Teo Otto zusammen, und indem wir unseren Dichter von Zeile zu Zeile wie Schuljungen wörtlich nahmen, kamen wir zu unserer Lösung, die mir heute so selbstverständlich erscheint, daß es mir als eine Fälschung vorkommen will, wenn man den «Faust» ohne das Vorspiel auf dem Theater spielt. Denn in diesem Vorspiel und mit diesem Vorspiel enthebt uns Goethe ein für allemal der Verpflichtung, den Zuschauer glauben zu machen, sein Himmel sei der Himmel – seine Kaiserpfalz sei die Kai-

serpfalz – sein Griechenland sei das Griechenland. Nein, es ist alles, der Himmel, die Hölle, die kleine, die große Welt: die Welt des Theaters.

Und nun mußte man nicht einmal von der ausdrücklich gegebenen Erlaubnis des Dichters, alle technischen Möglichkeiten weidlich auszunutzen, Gebrauch machen. Nun konnte man wirklich im engen Bretterhaus den ganzen Kreis der Schöpfung ausschreiten und sich auf die Möglichkeiten, die diese Bretter gaben, konzentrieren; und es war sehr interessant, nachdem wir geglaubt hatten, wunders wie spartanisch wir in unseren Entwürfen gewesen seien, festzustellen, daß wir nach der ersten Dekorationsprobe noch fast die Hälfte unseres geplanten Dekors wegwerfen konnten (und als einige Monate später Caspar Neher diese Aufführung sah, so sind noch mal ein paar Teile verschwunden). Dabei lag der Gedanke, die Faustsche Studierstube und vor allem Wagners Laboratorium unseren heutigen Vorstellungen von einem Arbeitsraum eines Wissenschaftlers anzugleichen, zu nahe, als daß der Einfall verbucht werden müßte.[148]

Der Einfall bestand aus einem dekorativen Glaskugelsystem, das an das Brüsseler Atomium erinnerte, bei einigem guten Willen auch als altdeutsches Glasbläserprodukt akzeptiert werden konnte. Ins Gespräch kam die Inszenierung des ersten Teils auch durch den aus dem Rock 'n' Roll-Getümmel der Walpurgisnacht aufsteigenden Atombombenpilz. Den Mephisto faßte er nicht mehr als gefallenen Engel im Gespräch mit Gott auf, sondern mehr als die Lustige Person des Vorspiels. Das war ein Weg zur Entkrampfung, zur Lockerkeit, zur Ironie, die Goethe auch für den zweiten Teil ausdrücklich empfiehlt, zum Volksstück. Faust war Will Quadflieg, Gretchen Antje Weisgerber, Marthe Elisabeth Flickenschildt, Valentin Max Eckard, Wagner Eduard Marks, Schüler Uwe Friedrichsen, Kaiser Sebastian Fischer. Der erste Teil konnte einhundertmal gegeben werden, der zweite Teil aus organisatorischen Gründen etwas weniger oft. Nun aber beging der Intendant die Unvorsichtigkeit, mit «Faust» I nach Berlin zu gehen, zu den Festspielen 1959. Hatten die Berliner mit Gründgens endgültig gebrochen? Friedrich Luft: «Eine Sensation hatte man erwartet. Ein hohles Bildungsexperiment hielt man in der Hand. Das wahrhaft ‹große Theater›, dessen man sich sehnsüchtig versehen hatte, wurde nicht geliefert. Szenenbeifall gab es selten.»[149]

Enthusiastische Erfolge mit «Faust» I in Leningrad, Moskau, New York und Venedig machten das Berliner Unverständnis wieder wett. *Ich werde, ohne einen Augenblick das Gefühl zu haben, dem großen Werk je ganz gerecht geworden zu sein – meinen Versuchen nichts mehr hinzuzufügen haben. Aber habe ich mit diesen Arbeiten Anregungen geben können – positive oder negative, was am Ende dasselbe ist –, so sind meine grundlichen Begegnungen mit Faust über den Tag hinaus keine unnützlichen gewesen.*[150]

Zwischen den beiden Teilen des «Faust» spielte er weniger überzeugend den «Entertainer» von John Osborne. Es fiel ihm schwer, diesen Archie Rice, einen schlechten Schauspieler, darzustellen.

Sein Fleiß ließ kaum nach. Hatte er in Düsseldorf 35 Stücke inszeniert und 19 Hauptrollen gespielt, wurden es in Hamburg 28 Inszenierungen und 15 Hauptrollen. Im ganzen brachte das Schauspielhaus in den acht

Mit Boris Pasternak in Moskau, 1959

Gründgens-Jahren 88 Stücke heraus (ohne die Weihnachtsmärchen). Hinzukam, daß Gründgens, wie schon von Düsseldorf aus, Operninszenierungen in Florenz, Mailand und Salzburg übernahm. Nach «Faust» war sein nächster Clou die Uraufführung von Brechts «Heiliger Johanna der Schlachtöfe». Einen Mauler hatte er nun im Ensemble: Hermann Schomberg. Das antikapitalistische Lehrstück wurde vermenschlicht, als Dichtung gespielt, als historische Tragödie. Der Brecht-Tochter Hanne Hiob wurde als Johanna die didaktische Strenge und Starre des Brecht-Stils genommen. Sie spielte ein armes kleines Mädchen, das tapfer, aber aussichtslos gegen die brutale Wirtschaftswelt ankämpfte.

Er war ein Despot. Alles mußte nach seinem Willen geschehen, und zwar sehr schnell. Nicht selten griff er in die Arbeit seiner Regisseure ein. Nicht alle waren begeistert von seiner Theaterführung und von seinem Spielplan. Die Flickenschildt hätte gern Williams' «Tätowierte Rose» gespielt. Er hatte kein Verständnis für das Stück. Es mußte ja auf der Bühne immerzu Sonntag sein! Auch den «Besuch der alten Dame» von Dürrenmatt verstand er nicht. Er fand das Stück abscheulich. Da es aber überall gespielt wurde und Flicki sich die Rolle wünschte, gab er nach. Kümmerte sich aber nicht um die Inszenierung (von Ulrich Erfurth). Erst zur Generalprobe am Vormittag der Premiere ließ er sich blicken – und fand das Stück, aber auch jeden Schauspieler unmöglich. Mehr sagte er nicht. Er hatte zu dieser Art Theater nichts zu sagen. Die Flickenschildt wankte nach Hause, warf sich aufs Bett und schwor, sich von der Regie freizumachen und die Rolle nach ihren eigenen Vorstellungen zu spielen. Anscheinend nahmen sich das alle Darsteller vor. Die Premiere war ein Erfolg, und selbst Gründgens überwand sich zu einem Lob für seine Lieblingsschauspielerin.

Er selbst inszenierte lieber «Maria Stuart» mit Weisgerber und Flickenschildt und spielte in Shaws «Cäsar und Cleopatra» den Cäsar, den er schon 1928 in Hamburg gespielt hatte.

Man darf nicht vergessen, er war ein kranker Mann, der, wenn er nicht auf Reisen war, wie schon in Düsseldorf zwischen Theater und Wohnung hin und her pendelte, ungesellig, kaum ansprechbar. Er fuhr häufig nach Italien, in den Süden überhaupt, flog nach Südamerika, Ägypten, und auf Madeira erwarb er ein Häuschen, in dem er jährlich zweimal Urlaub machte. In diesem Häuschen, an dem er zärtlich hing, fühlte er sich geborgen, da war er für sich, sich entspannend, freilich ohne Zuschauer, ohne Gesellschaft. Es gibt einen erschütternden Brief von ihm an seine Flicki, den sie in ihrem Buch «Kind mit roten Haaren» veröffentlicht hat:

Mit Peter Gorski bei den Dreharbeiten zum Faust-Film

Als Philipp II. in «Don Carlos», 1962

Gründgens fleht sie an, ihren Urlaub bei ihm auf Madeira zu verbringen, malt ihr aus, wie wunderschön es da sei. Flicki fuhr nicht mit. Sie wollte mit dem kranken Mann nicht wochenlang beisammen, ihm ausgeliefert sein.

Dem «Versuch einer Skizze aus ärztlicher Sicht» des Professors für Neurologie und Psychiatrie an der Universität Hamburg, Michael Winzenried, entnehmen wir: «Etwa ab 1960 mehrten sich die Zeichen leiblicher Versehrtheit, Störbarkeit und Verwundbarkeit. Insbesondere das System des Kreislaufs und der Blutgefäße zeigte schwere und fortschreitende Veränderungen im Sinne einer hochgradigen Sklerosierung und Rigidität durch Kalkeinlagerungen ... Auch im Bereich der Wirbelsäule, besonders der Halswirbelsäule, war ein schwerer fortschreitender Zerstörungs- und Abbauvorgang nachzuweisen ... GG liebte es, sich Medikamente spritzen zu lassen oder auch selbst zu spritzen, selbst harmlose Vitaminpräparate. Er nahm dabei das Risiko in Kauf, daß es dann und wann zu kleineren örtlichen Abszeßbildungen kam. Schmerzen solcher

Art tolerierte er in ungewöhnlichem Maße und war darin eher hyposensibel. Auch operative Eingriffe, z. B. plastisch-kosmetische Operationen, verkraftete er mühe- und klagelos ... Die Schlaflosigkeit erreichte zeitweilig lebensbedrohliche Ausmaße. Zuverlässige Berichte von Nachtschwestern ergeben, daß GG wochenlang praktisch nur durch eine Vollnarkose für Minuten oder Stunden zum Schlafen gebracht werden konnte. Nur ein außergewöhnlicher Mensch mit so starker Lebenskraft konnte diese Episoden überstehen. Trotz langjährigen Gebrauchs von Schlafmitteln und zeitweiligen Gebrauchs morphinhaltiger Drogen verblieb er in einem Zustand geistiger Gesundheit, der seiner künstlerischen Arbeit über den Mechanismus ständiger Selbstvorwürfe eher größere Kraft verlieh.»[151]

Ein Dokument, das uns für Gründgens' letzte Leistungen, wie sie auch sonst beurteilt werden mögen, die größte Achtung abfordert. Seine Faszinationskraft war ungebrochen, und gerade seine beiden Durrell-Inszenierungen Herbst 1959 und Herbst 1961 zeigen, was der Gründgens-Mythos zu bewirken vermochte. Des Iren Lawrence Durrell «Sappho», ein Nichts an Stück, keine Handlung, erst ganz zum Schluß etwas Dramatik, bis dahin Gedanken über Lebensformen und Todesarten, Personen in außergewöhnlichen Situationen, Krieg und Feste. Das Stück ist kaum nachgespielt worden. Nur ein Gründgens konnte es zur Bühnenwirkung verzaubern. Schon vor der Premiere bildeten sich Legenden um Stück und Aufführung. Sappho: Elisabeth Flickenschildt; der Liebhaber: Maximilian Schell; der Dichter: Hermann Schomberg. An der Besetzung lag es also nicht, wenn eine Sensation erwartet wurde. Es war das Theater um das Theater, das Gründgens laut und leise zu machen verstand. Er war ständig von Reportern und Interviewern umlagert, die streuten aus, was er ihnen einblies. Dem Nimbus kam zugute, daß Durrell gerade damals mit seinen Romanen einen großen (wenn auch kurzlebigen) Erfolg hatte. Jedenfalls konnte für «Sappho» und später für «Actis» das Theater erhöhte Eintrittspreise kassieren. «Actis» zwei Jahre später war dann schon ein bühnenwirksameres Stück. Der Dichter hatte dazugelernt. Den Uraufführungen war ein ausgedehnter Briefwechsel vorausgegangen. Gründgens riet, verwarf, regte an. Und Durrell saß auf vielen Proben. Aber auch «Actis» war reine Bühnenpoesie, antikes Märchen um die geblendete skythische Prinzessin (Joana Maria Gorvin). Ein Abend subtiler Schauspielkunst, exotisch, exzentrisch, ausgeklügelt, morbid. Aber was ging uns das Ganze an? Und was kam danach?

«Don Carlos». In den letzten Jahren seines Schaffens inszenierte er mit Joana Maria Gorvin «Don Gil von den grünen Hosen», aus Anlaß des 60. Geburtstags von Werner Hinz mit ihr und Werner Hinz den «Totentanz» von Strindberg, und mit Maximilian Schell den «Hamlet», und mit sich selbst als Heink das «Konzert» von Hermann Bahr. Sein eigentlicher Abschied von der Bühne war Philipp II. in Schillers «Don Carlos». «Don Carlos» gilt als das Freiheitsdrama schlechthin. Man kann das Stück aber auch als ein Schauspiel auffassen, das die Absurdität der geschichtlichen Vorgänge, den Leerlauf der Menschheitsgeschichte aufdeckt, als ein un-

135

sinniges, ergebnisloses Gewürge der Mächtigen untereinander. Eben dies suchte, alles historische Brimborium beiseite lassend, der Regisseur Gründgens zu demonstrieren. «Porträt einer Qual», nannte Joachim Kaiser nach der Premiere Gründgens' Philipp. «Ein leiser, einsamer, böser und durchschauender Mensch steht da, der seine Macht nicht mehr genießt (sie ist ihm längst selbstverständlich), an seiner Ohnmacht aber zerbricht ... Die Haltung, ebenso starr wie gebeugt, ebenso kräftig wie alt, scheint aus dem Text des Schauspielers über den Umweg, den der zufällige Körper eines Darstellers bildet, direkt auf die Bühne gestellt. Und die Sprechweise, ganz selten laut, viel häufiger entgegen flüsternd, schleppend, bewußt, erreicht musikalische Magie. In dem ein wenig singenden Tonfall reflektieren sich Erfahrungen und Alter und Kunst.»[152] Jahrelang hatte sich Gründgens auf die Rolle vorbereitet, hatte er sich auf sie *gefreut*[153]. Der Kritiker Melchinger: «Es ist, als flösse die Aura, die ihn, Gründgens, umgibt, mit der Gestalt zusammen.»[154]

Schon am Beginn der Spielzeit hatte er gekündigt. *Es ist eigentlich nicht so sehr der Wunsch, von der Verwaltungsarbeit erlöst zu sein, der meinen Entschluß bestimmt hat. Ich habe diese Arbeit nicht ungern getan. Es sind eigentlich zwei Gründe: die Schwierigkeit, einen Spielplan sinnvoll zu gestalten, und die Schwierigkeit, die Schauspieler immer wieder zu überzeugen, daß Geldverdienen zwar eine schöne Sache ist, aber daß sie ihr künstlerisches Kapital sehr schnell verwirtschaften, wenn sie nicht den Halt an einem Ensemble haben. Und zum anderen ist es meine Meinung, daß ein Mann, der ein Theater wie das Deutsche Schauspielhaus leitet, nicht auf die Dauer sich allen öffentlichen und halböffentlichen Veranstaltungen oder Streitgesprächen entziehen kann. Und hier ist meine Antipathie unüberwindlich. Ich leide sehr unter der politischen Entwicklung, und ich leide sehr unter der fatalen Geschäftigkeit um das Theater. Wie oft hat es mich in den letzten Jahren gedrängt, mich in solche Polemiken einzuschalten, und wieviel Kraft hat es mich gekostet, mein Temperament zu zügeln.*[155]

Die Stadt hatte ohne weiteres zugestimmt und schnell einen Nachfolger berufen: Oscar Fritz Schuh, der es dann aber sehr schwer haben sollte, seine Produktionen wurden an denen von Gründgens gemessen. Schuh gewann den Eindruck, Hamburg erwarte von ihm, aus dem Deutschen Schauspielhaus ein Gründgens-Mausoleum zu machen.

Gründgens konnte lange nicht begreifen, daß nicht viel Wirbel um seinen Weggang gemacht wurde, daß nicht Abordnungen aufmarschierten, ihn zum Weitermachen zu bewegen. Nun war er ja, wie schon in Düsseldorf und mit den gleichen Vorwürfen, nämlich die moderne Dramatik zu vernachlässigen, immer wieder angegriffen worden, und viele waren froh, den Erzkonservativen loszuwerden. Auch im eigenen Haus atmeten nicht wenige auf. Von ihnen wich ein Druck, der Druck eines mürrischen Altstars mit oft übertriebenen, einseitigen künstlerischen Ansprüchen. Es wird berichtet, daß er sich von niemand verabschiedete. Er ging ganz einfach wie sonst aus dem Haus. Er wollte ja wiederkommen. In einem Jahr. Als Gast.

1963: Weltreise – bis Manila

Immer wieder betonte der Dreiundsechzigjährige, er wolle nun endlich zu leben anfangen. Wie aber dieses Leben aussehen sollte, davon hatte er selbst keine Ahnung. Er kam auf keine bessere Idee als eine Weltreise zu unternehmen, mit einem jungen Freund namens Jürgen, der an seinem Theater Beleuchter gewesen war und nun Musik studierte. Gründgens ließ sich in qualvollen Operationen die Zähne instandsetzen und bestellte sich in München eine komplette Reisegarderobe. Peter Gorski sollte inzwischen Gründgens' Pensionsansprüche durchsetzen und ihm in Hamburg eine kleine Atelierwohnung suchen. Der Weltreisende war guter Dinge, voller Pläne und, wie er wußte, todkrank.

Von der Reise zurück, wollte er mit dem Vier-Personen-Stück «Das Konzert» auf Tournee gehen. Dem Journalisten Utz Utermann versprach er für jeden unverkauften Platz eine Flasche Whisky. Gründgens drei Tage vor Antritt seiner Reise zu Utermann: *Mir dreht sich das Herz um, wenn ich dran denke, was man aus so großen Potenzen wie Marianne, die Flicki, die Antje, dem Günther Lüders, dem Reincke, ach, du kennst ja meine Equipe, machen wird! Die Potenz erstklassiger Schauspieler zählt nur noch wenig. Regisseure setzen sich in Szene – mit Vergewaltigungsakten. Ich habe immer Partitur gespielt, weil ich mit meinen Schauspielern dem Dichter diente, aber deren Texte sind ja meistens nur noch Vorwand für einen unerträglichen Regisseur-Exhibitionismus. Weißt du, was mich am meisten ärgert, die Kritiker gehen auf den Leim! Was liest man am nächsten Tag? Wie Herr Ixenschiß das Stück auf den Kopf gestellt hat! . . . Für Regie-Exzesse scheinen mir Goethe, Schiller, Kleist, Shakespeare, sogar Goldoni zu schade zu sein . . . Viermal inszenierte ich den «Faust», jedesmal aus anderem Impetus, aber jede Inszenierung war durch Goethe gedeckt. Vielleicht habe ich respektloser Mensch immer nur vor dem dichterischen Wort Respekt gehabt und bin deshalb ein so rigoroser Verfechter des Standpunkts: Auf dem Theater muß Partitur gespielt werden.*[156]

Im September trat Gründgens die Reise an. *Nun sind wir durch den Suezkanal durch, und ich muß sagen, daß das zum Eindrucksvollsten gehört, was ich gesehen habe. Ein imponierendes Werk von Menschenhand . . . Also nun Singapur; viel kann ich noch nicht sagen, außer daß das Hotel fabelhaft ist, mit Klimaanlage und Swimmingpool. Gestern waren wir auf einer Orchideenschau – unvorstellbar!*[157]

In Manila nahm er sein Schlafmittel, aber für das dortige tropische Klima wohl zu viel. Seinem jungen Freund, der sich in der Hotelbar amüsierte, hinterließ er einen Zettel: *Ich glaube, ich habe zu viele Schlafmittel genommen, ich fühle mich etwas komisch, laß mich ausschlafen.*[158] Der junge Freund fand ihn am Morgen des 7. Oktober auf den Fliesen des Badezimmers. Gustaf Gründgens war tot. In der Heimat sprach man von Selbstmord. Professor Winzenried: «Den erquickenden Schlaf suchend, gewöhnte Mittel in erprobter Dosis angewandt, wollte er dem Monsun und der Einsamkeit für Stunden entfliehen. Aber der Körper gehorchte nicht dem gewohnten Maß; die Achillesferse dieses athletischen Körpers,

seine Blutgefäße, erbrachen sich in den Magen mit der Gewalt eines Blutsturzes. Den Tod vielleicht ahnend, versuchte er die Katastrophe zu steuern und stürzte einsam, ohne Beistand auf das gezeichnete Gesicht.»[159]

In Manila muß eine Leiche innerhalb von drei Tagen verbrannt werden. Die Urne wurde nach Hamburg geflogen und in einem Ehrengrab der Stadt auf dem Ohlsdorfer Friedhof beigesetzt. Im ganzen Land gedachte man des großen Theatermannes in Trauerfeiern. – In Filmen mit ihm und über ihn, in Bildern und Büchern, am einprägsamsten als Mephisto in der filmischen Aufzeichnung seiner «Faust»-Inszenierung lebt er wie kein anderer Schauspieler vor ihm weit über seinen Tod hinaus fort.

Anmerkungen

1 Jacques in William Shakespeares «Wie es euch gefällt», 2. Aufzug, 7. Szene, in der Übersetzung von August Wilhelm Schlegel

2 *Briefe, Aufsätze, Reden*. Hg. von Rolf Badenhausen und Peter Gründgens-Gorski. Hamburg 1967. S. 316

3 Ebd., S. 93

4 Ebd., S. 251

5 Klaus Völker: «Bertolt Brecht – Eine Biographie». München 1976. S. 14

6 *Briefe, Aufsätze, Reden*, a. a. O., S. 88

7 Ebd., S. 218

8 Ebd., S. 219

9 Ebd., S. 271

10 Ebd., S. 291

11 Ebd., S. 15

12 Ebd., S. 337

13 *Meine Begegnung mit Faust*. In: *Faust*. Frankfurt a. M. 1959. S. 83

14 Edda Kühlken: «Die Klassiker-Inszenierungen von Gustaf Gründgens». Meisenheim am Glan 1972. S. 5

15 *Briefe, Aufsätze, Reden*, a. a. O., S. 234

16 «Nachspiel auf dem Theater. Für Gustaf Gründgens». Reden und Texte der Gedenkfeier am 20. Oktober 1963 im Deutschen Schauspielhaus Hamburg. Hamburg 1963. S. 35

17 *Briefe, Aufsätze, Reden*, a. a. O., S. 340

18 Ebd., S. 399

19 Ebd., S. 340

20 Ebd., S. 411

21 Ebd., S. 253 f

22 Klaus Mann: «Mephisto» (Originalausgabe 1936 Amsterdam); zit. n. d. Ausg. Berlin 1956. S. 79

23 *Briefe, Aufsätze, Reden*, a. a. O., S. 121 f

24 Herbert Jhering: «Von Reinhardt bis Brecht. Eine Auswahl der Theaterkritiken 1909–1932». Reinbek 1967. S. 249 f

25 «Nachspiel auf dem Theater», a. a. O., S. 31 f

26 Interview mit Werner Höfer zum 50. Geburtstag von Gustaf Gründgens 1949 in Düsseldorf. In: *Briefe, Aufsätze, Reden*, a. a. O., S. 339 f

27 *Wirklichkeit des Theaters*. Frankfurt a. M. 1977. S. 11

28 Ebd., S. 185 f

29 Ebd., S. 15

30 *Briefe, Aufsätze, Reden*, a. a. O., S. 166 (Interview 1961)

31 Ebd.
32 Ebd., S. 167
33 Alfred Mühr: «Mephisto ohne Maske – Gustaf Gründgens, Legende und Wahrheit». München–Wien 1981. S. 135
34 *Wirklichkeit des Theaters*, a. a. O., S. 20 f
35 Ebd., S. 18 f
36 Jhering, a. a. O., S. 367 f
37 *Meine Begegnung mit Faust*, a. a. O.
38 Günther Rühle: «Theater für die Republik 1917–1933 im Spiegel der Kritik». Frankfurt a. M. 1967. S. 1140
39 Ebd.
40 Ebd., S. 1152
41 *Briefe, Aufsätze, Reden*, a. a. O., S. 74 f
42 *Wirklichkeit des Theaters*, a. a. O., S. 16
43 Herbert Jhering: «Der Kampf um das Theater». Berlin 1974. S. 450
44 *Briefe, Aufsätze, Reden*, a. a. O., S. 16
45 Ebd., S. 17
46 Ebd., S. 251
47 Mühr, a. a. O., S. 26
48 *Briefe, Aufsätze, Reden*, a. a. O., S. 26 f
49 Mühr, a. a. O., S. 309
50 Kühlken, a. a. O., S. 83
51 Ebd.
52 «Völkischer Beobachter» vom 25./26. Dezember 1934
53 «Berliner Zeitung» vom 24. Dezember 1934
54 *Wirklichkeit des Theaters*, a. a. O., S. 26 f
55 *Briefe, Aufsätze, Reden*, a. a. O., S. 168
56 Kühlken, a. a. O., S. 108
57 Mühr, a. a. O., S. 170
58 *Briefe, Aufsätze, Reden*, a. a. O., S. 265
59 Zit. n. Günther Rühle: «Zeit und Theater 1933–1945». Frankfurt a. M. –Berlin–Wien 1980. Bd. V, S. 27. – Im Vorwort zu diesem Band gibt der Autor eine Übersicht der nationalsozialistischen Kulturpolitik, vornehmlich das Theater betreffend.
60 Ebd., Bd. VI, S. 817
61 Ebd.
62 Alfred Mühr: «Gustaf Gründgens – Aus dem Tagewerk eines Schauspielers». Berlin 1943. S. 97
63 Mühr, «Mephisto ohne Maske», a. a. O., S. 138
64 Erich Ebermeyer: «... und morgen die ganze Welt». Bayreuth 1967
65 Kühlken, a. a. O., S. 68
66 *Briefe, Aufsätze, Reden*, a. a. O., S. 98
67 Ebd.
68 Ebd.
69 Mühr, «Mephisto ohne Maske», a. a. O., S. 38
70 Karl-Heinz Ruppel: «Großes Berliner Theater». Velber b. Hannover 1962. S. 13
71 Mühr, «Mephisto ohne Maske», a. a. O.
72 Ebd., S. 43
73 Curt Riess: «Gustaf Gründgens – Eine Biographie». Hamburg 1965. S. 140 f

74 Thomas Mann: «Tagebücher 1933–1934». Frankfurt a. M. 1977. S. 511
75 Thomas Mann: «Tagebücher 1935–1936». Frankfurt a. M. 1978. S. 267
76 Ebd., S. 293
77 *Briefe, Aufsätze, Reden*, a. a. O., S. 19
78 Joseph Wulf: «Theater und Film im Dritten Reich – Eine Dokumentation». Gütersloh 1964. S. 92
79 *Briefe, Aufsätze, Reden*, a. a. O., S. 27
80 *Wirklichkeit des Theaters*, a. a. O., S. 72 f
81 *Briefe, Aufsätze, Reden*, a. a. O., S. 52
82 Herbert Jhering und Hugo Fetting: «Ernst Busch». Berlin 1965. S. 113 f
83 *Briefe, Aufsätze, Reden*, a. a. O.
84 Ebd., S. 52 f
85 Mühr, «Mephisto ohne Maske», a. a. O., S. 113
86 *Meine Begegnung mit Faust*, a. a. O., S. 84 f
87 Ebd., S. 86
88 Ruppel, a. a. O., S. 102
89 Gottfried Benn: «Briefe an F. W. Oelze 1932–1945». Wiesbaden 1977. S. 336 f
90 *Briefe, Aufsätze, Reden*, a. a. O., S. 73
91 Ebd.
92 Gottfried Benn: «Ausgewählte Briefe». Wiesbaden 1957. S. 62 (Brief an F. W. Oelze)
93 *Briefe, Aufsätze, Reden*, a. a. O., S. 355
94 Riess, a. a. O., S. 232
95 Leserbrief von Karlheinz Mallwitz in «Der Spiegel» 42 (1981), S. 10
96 *Ein Treuloser bekennt sich zu Berlin*. In: «Theaterstadt Berlin». Hg. von Herbert Jhering. Berlin 1948. S. 68
97 Brief des Reichstagsabgeordneten Dr. Fabricius vom 30. Juli 1944, vollständig zit. in: Kühlken, a. a. O., S. 163–165
98 *Wirklichkeit des Theaters*, a. a. O., S. 119 f
99 *Briefe, Aufsätze, Reden*, a. a. O., S. 23
100 Riess, a. a. O., S. 239
101 *Briefe, Aufsätze, Reden*, a. a. O., S. 48
102 Ebd., S. 49 f
103 Ebd., S. 50
104 Hans Borgelt: «Das war der Frühling von Berlin». München 1980. S. 145 f
105 Der Autor dieser Monographie war Augen- und Ohrenzeuge.
106 *Briefe, Aufsätze, Reden*, a. a. O., S. 53
107 Ebd., S. 56 f
108 Ebd., S. 191 f
109 E. G. Schäfer: «Russischer Realismus». In: «Hessische Nachrichten» vom 15. April 1947
110 Ebd.
111 *Briefe, Aufsätze, Reden*, a. a. O., S. 123 f
112 Dieses und das folgende Zitat nach Borgelt, a. a. O., S. 161
113 Walther Karsch: «Wort und Spiel. Aus der Chronik eines Theaterkritikers 1945–1962». Berlin 1962. S. 248
114 Dieses und das folgende Zitat nach Borgelt, a. a. O., S. 152 f
115 *Briefe, Aufsätze, Reden*, a. a. O., S. 337
116 Ebd., S. 344
117 *Wirklichkeit des Theaters*, a. a. O., S. 152

118 Ebd., S. 126
119 Ebd., S. 127f
120 Gerd Vielhaber und Liselotte Strelow: «Gründgens – Sieben Jahre Düssel-
    dorf». Honnef 1954. S. 7
121 *Briefe, Aufsätze, Reden*, a. a. O., S. 408f
122 Ebd., S. 217
123 Ebd., S. 219f
124 Vielhaber und Strelow, a. a. O., S. 16
125 Karsch, a. a. O., S. 317
126 Herbert Jhering: «Auf der Suche nach Deutschland – Die Sendung des Thea-
    ters». Berlin 1952. S. 33f
127 Vielhaber und Strelow, a. a. O.
128 Jhering, «Auf der Suche nach Deutschland», a. a. O., S. 35f
129 Klaus Völker: «Brecht-Chronik. Daten zum Leben und Werk». München
    1971. S. 129
130 *Briefe, Aufsätze, Reden*, a. a. O., S. 274
131 Ebd.
132 Ebd.
133 Ebd., S. 275
134 Ebd., S. 236f
135 Riess, a. a. O., S. 355
136 Elisabeth Flickenschildt: «Kind mit roten Haaren». Hamburg 1971. S. 73
137 Ebd., S. 74
138 Ebd., S. 77
139 Ebd.
140 *Briefe, Aufsätze, Reden*, a. a. O., S. 238
141 Ebd., S. 237
142 Ebd., S. 251
143 Ebd., S. 246
144 Ebd., S. 251f
145 «Der Spiegel» vom 22. Mai 1949
146 Mühr, «Mephisto ohne Maske», a. a. O., S. 189
147 Karsch, a. a. O., S. 189
148 *Meine Begegnung mit Faust*, a. a. O., S. 87f
149 Oscar Fritz Schuh: «So war es – war es so?». Berlin 1980
150 *Meine Begegnung mit Faust*, a. a. O., S. 91
151 *Briefe, Aufsätze, Reden*, a. a. O., S. 439f
152 Henning Rischbieter (Hg.): «Gründgens – Schauspieler, Regisseur, Theater-
    leiter». Velber b. Hannover 1963. S. 123f
153 Kühlken, a. a. O., S. 211
154 Ebd.
155 *Briefe, Aufsätze, Reden*, a. a. O., S. 270
156 Mühr, «Mephisto ohne Maske», a. a. O., S. 332
157 *Briefe, Aufsätze, Reden*, a. a. O., S. 436
158 Riess, a. a. O., S. 430
159 *Briefe, Aufsätze, Reden*, a. a. O., S. 443

Zeittafel

Aus der Fülle der Inszenierungen und Rollen von Gustaf Gründgens werden nur die wichtigsten aufgeführt. (U = Uraufführung, DE = Deutsche Erstaufführung)

1899	22. Dezember: Gustav Gründgens in Düsseldorf geboren.
1909–1916	Schüler des Comenius-Gymnasiums in Düsseldorf-Oberkassel.
1916	Soldat. Westfront.
1917	Engagement ans Fronttheater Saarlouis. Verwaltungsarbeit in der Theaterkanzlei.
1918	2. Oktober: Debut als Philipp in «Jugendfreunde» von Ludwig Fulda. – Oktober: In «Faust» I spielt er den Schüler. – Leiter des Fronttheaters, später nach Thale (Harz) verlegt und nach Kriegsende Bergtheater genannt.
1919	18. März: Rezitiert im Hotel «Ritter Bodo» in Thale den Mephisto der ersten drei Szenen von «Faust» I, begleitet von Herrn Kapellmeister G. Klette auf der Geige.
1919–1920	Ausbildung an der Düsseldorfer Theaterakademie unter Louise Dumont und Gustav Lindemann.
1920–1921	Engagement an den Städtischen Bühnen Halberstadt. 25 Rollen, u. a. spielt er den alten Schäfer im «Wintermärchen» von Shakespeare, in den «Gespenstern» von Ibsen den Pastor Manders, in Goethes «Egmont» den Macchiavell, in Lessings «Emilia Galotti» den Marinelli. Führt dreimal Tanzregie.
1921–1922	Engagement an die Vereinigten Städtischen Theater Kiel. Spielt in eineinhalb Jahren 35 Rollen.
1922–1923	Ein halbes Jahr in Berlin am Theater in der Kommandantenstraße. – Gastspiel im Kabarett Größenwahn mit einer Wandervogelszene.
1923–1928	Engagement an den Kammerspielen Hamburg, Direktion Erich Ziegel und Mirjam Horwitz.
1923	8. September: In «Der Clown Gottes» von H. W. Philipp spielt er unter der Regie von Clemens Schuberth den Maler, am 7. Oktober in der «Komödie der Irrungen» von Shakespeare den Geisterbeschwörer unter der Regie von Erich Ziegel.
1924	Erich Ziegel inszeniert «Hans Sonnenstößers Höllenfahrt» von Paul Apel (16. April, Rolle: Albert Becher), «Franziska» von Frank Wedekind (14. August, Rolle: Herzog) und «Was ihr wollt» von Shakespeare (6. September, Rolle: Junker Andreas von Bleichenwang). – Für ein Gastspiel von Albert Steinrück am 26. August inszeniert Gründgens «Geschäft ist Geschäft» von Octave Mirbeau. Er selbst spielt den Xavier. Es ist Gründgens' erste Inszenierung. (Ab hier wird der Regisseur von Theaterinszenierungen nur noch genannt, wenn es sich *nicht* um eine Inszenierung von Gründgens handelt.)

144

27. September: Acke in «Kolportage» von Georg Kaiser. – 13. November: Versucher in «Nach Damaskus» von Strindberg, Regie Erich Ziegel. – 13. Dezember: Thamal in «Spiegelmensch» von Franz Werfel, Regie Friedrich Brandenburg.

1925–1928 Ehe mit Erika Mann.

1925 Schreibt, nach den ersten Erfolgen, seinen Vornamen nunmehr mit f: Gustaf!
25. Februar: Bluntschli in Shaws «Helden». – 23. März: Prinz in «Emilia Galotti» von Lessing, Regie Erich Ziegel. – 9. April: Oscar Wilde in «Oscar Wilde» von Carl Sternheim, Regie Friedrich Brandenburg. – 4. Juli: Dr. Jura in Hermann Bahrs «Konzert». – 21. August: Christian Maske in «Snob» von Carl Sternheim, Regie Friedrich Brandenburg. – 5. September: Prinz Leonce in Büchners «Leonce und Lena». – 20. September: Angelo in «Maß für Maß» von Shakespeare, Regie Erich Ziegel. – 22. Oktober: Jakob in «Anja und Esther» von Klaus Mann. – 19. Dezember: John Tanner in «Mensch und Übermensch» von Shaw, Regie Erich Ziegel.

1926 31. März: «Die zärtlichen Verwandten» von Roderich Bendix. – Gastspiel im Theater an der Josefstadt, Wien. – 23. April: Florindo in «Cristinas Heimreise» von Hugo von Hofmannsthal, Regie Stefan Hock. – Und wieder in den Kammerspielen Hamburg, 15. Mai: Jacques in «Wie es euch gefällt» von Shakespeare, Regie Erich Ziegel. – 1. September: Moritz Stiefel in Frank Wedekinds «Frühlings Erwachen». – 25. September: Sawin in «Sturmflut» von Alfons Paquet, Regie Erwin Piscator. – 25. Dezember: Aristeus und Pluto in Offenbachs «Orpheus in der Unterwelt».

1927 17. Februar: Kaspar Hauser in «Kaspar Hauser» von Erich Ebermeyer, Regie Hans Goldberg. – 25. April: Allan in Klaus Manns «Revue zu vieren». – 11. September: Cäsar in Shaws «Cäsar und Cleopatra». – 15. Oktober: Hamlet in «Hamlet» von Shakespeare, Regie Hanns Lotz. – 23. Oktober: Eugen Marchbank in «Candida» von Shaw, Regie Erich Ziegel. – 25. Dezember: Paris und Filmschauspieler in Offenbachs «Die schöne Helena».

1928 19. Januar: Danton in Büchners «Dantons Tod». – 19. April: Christian Maske in Carl Sternheims «Snob».
(Ab Spielzeit 1928/29 in Berlin als Schauspieler und Regisseur an Max Reinhardts Deutschem Theater und seinen Dependance-Bühnen. Dazu Kabarett, Nachtvorstellungen, Filme.)
23. Oktober: Ottfried in der Uraufführung von Ferdinand Bruckners «Die Verbrecher», Regie Heinz Hilpert.

1929 15. Februar: Pistol in «Die lustigen Weiber von Windsor» von Shakespeare, Regie Heinz Hilpert.

1930 24. Januar: Frederick in «Victoria» von W. S. Maugham/Mimi Zoff, Regie Max Reinhardt. – 10. Juni: Orest in «Iphigenie auf Tauris» von Goethe, Regie Richard Beer-Hofmann. – Film: Dr. Otto von Lingen in «Brand in der Oper», Regie Carl Froelich. – 25. Dezember: Spielt und singt mit Ernst Busch und Grethe Weiser in der Nelson-Revue «Glück muß man haben!».

1931 25. Januar, Kroll-Oper: «Die Hochzeit des Figaro» von Mozart, Musikalische Leitung Otto Klemperer. – 11. April, Theater am Kurfürstendamm: «Alles Schwindel» von Marcellus Schiffer. – September, Deutsches Theater: Hofmarschall von Kalb in «Kabale und Liebe» von Schiller, Regie Max Reinhardt. – 15. Dezember: Staatsoper Unter den Linden: «Così fan tutte» von Mozart, Musikalische Leitung Otto Klemperer. – Film: Schränker in Fritz Langs «M».

1932 29. Mai, Städtische Oper Berlin: Schatzmeister in Offenbachs «Banditen». – 22. September, Staatsoper Unter den Linden: «Der Rosen-kavalier» von Richard Strauss, Musikalische Leitung Otto Klemperer. – 2. Dezember, Staatliches Schauspielhaus: Mephisto in Goethes «Faust» I, Regie Lothar Müthel.

1933 21. Januar: Staatliches Schauspielhaus: Mephisto in Goethes «Faust» II, Regie Gustav Lindemann.
(Von jetzt bis 1945 tritt Gründgens nur noch am Staatstheater auf.)
30. Januar: Hitler wird Reichskanzler. Beginn der zwölfjährigen fa-schistischen Diktatur.
13. Oktober: Dr. Jura in «Das Konzert» von Hermann Bahr, Regie Paul Bildt. – Film: Baron Eggersdorf in «Liebelei», Regie Max Ophüls.

1934 Ab März kommissarischer Leiter des Staatlichen Schauspiels, ab Sep-tember Intendant. – 26. September: Riccaut de la Marlinière in Les-sings «Minna von Barnhelm». – 26. Oktober: Bolingbroke in «Das Glas Wasser» von Scribe, Regie Jürgen Fehling. – 23. Dezember: «Kö-nig Lear» von Shakespeare. – Film: «Die Finanzen des Großherzogs», Regie.

1935 Gründgens erwirbt den Gutshof des ehemaligen Gutes Zeesen bei Königswusterhausen.
7. November: «Egmont» von Goethe. – 16. November: Ludwig Capet in «Thomas Paine» von Hanns Johst, Regie Jürgen Fehling. – Film: Professor Higgins in «Pygmalion», Regie Erich Engel.

1936 21. Januar: Hamlet in «Hamlet» von Shakespeare, Regie Lothar Mü-thel. – Erholungsurlaub auf Sizilien. Angriffe auf Gründgens im NSDAP-Organ «Völkischer Beobachter». Flucht in die Schweiz. Wie-der in Berlin wird er zum Preußischen Staatsrat ernannt. – Im Juni heiratet er die Schauspielerin Marianne Hoppe. – Der Propagandami-nister erläßt Kritikverbot. – August: Olympiade in Berlin. – 27. Okto-ber: Hans in Paul Apels «Hans Sonnenstößers Höllenfahrt». – 5. De-zember: Don Juan in «Don Juan und Faust» von Grabbe, Regie Jür-gen Fehling.

1937 Ernennung zum Generalintendanten und Staatsschauspieler. – 9. Ju-ni, Staatstheater, Kleines Haus: «Was ihr wollt» von Shakespeare. – 29. September: Kleines Haus: Prinz in Lessings «Emilia Galotti». – 29. Oktober, Kleines Haus: «Die Kameliendame» von Alexandre Dumas. – Film: Jack Warren in «Capriolen», Regie.

1938 7. April: Friedrich der Große in «Der Siebenjährige Krieg» von Hans Rehberg (U). – 13. April: Anschluß Österreichs an das Deutsche Reich. – 19.–30. Juli: «Hamlet»-Gastspiel in Schloß Kronborg, Däne-mark. – 29. Oktober: Louis Dubedat in «Der Arzt am Scheideweg» von Shaw, Regie Wolfgang Liebeneiner. – 1. Dezember, Kleines Haus: «Südfrüchte» von Marcel Pagnol. – 18. Dezember, Staatsoper Unter den Linden: «Die Zauberflöte» von Mozart, Musikalische Leitung Herbert von Karajan. – Film: Debureau in «Tanz auf dem Vulkan», Regie Hans Steinhoff.

1939 5. Mai: Richard II. in «König Richard der Zweite» von Shakespeare, Regie Jürgen Fehling. – Film: «Der Schritt vom Wege» nach Fontanes «Effi Briest». – September: Feldzug in Polen. Polen wird zwischen dem Deutschen Reich und der Sowjet-Union aufgeteilt. Beginn des Zweiten Weltkriegs.

1940 4. April: Fiesco in «Die Verschwörung des Fiesco zu Genua» von Schiller, Regie Karlheinz Stroux. – 9. Mai: «Cavour» von Mussolini und Forzano. – Mai: Die deutsche Wehrmacht besetzt die Niederlan-de, Belgien, Luxemburg und Frankreich. – 5. September, Kleines Haus: «Wie es euch gefällt» von Shakespeare.

1941	4. Mai: Julius Cäsar in «Julius Cäsar» von Shakespeare, Regie Jürgen Fehling. – 14. Juni: Alexander in «Alexander» von Hans Baumann (U). – 22. Juni: Der deutsche Angriff auf die Sowjet-Union. – 11. Oktober: Mephisto in «Faust» I von Goethe. – 30. Dezember: «Die lustigen Weiber von Windsor» von Shakespeare. – Filme: Lord Chamberlain in «Ohm Krüger», Regie Hans Steinhoff. Friedemann Bach in «Friedemann Bach», Regie Traugott Müller.
1942	22. Juni: Mephisto in «Faust» II von Goethe.
1943	2. Januar: Orest in «Iphigenie auf Tauris» von Goethe, Regie Lothar Müthel. – Januar/Februar: Die deutsche Niederlage bei Stalingrad führt die Wende des Krieges herbei. – 28. Februar: Im Berliner Sportpalast ruft Goebbels die Deutschen zum Totalen Krieg auf. – Gründgens wird Flaksoldat bei der Wehrmacht.
1944	29. Juni: Franz Moor in Schillers «Räuber».
1945	April/Mai: Die Russen erobern Berlin. Ende des Zweiten Weltkriegs.
1945–1946	Mehrfache Verhaftung durch die Sowjets. Neun Monate im Konzentrationslager Jamlitz. Entlassen April 1946.
1946	Darf wieder spielen und Regie führen. Schauspieler und Regisseur am Deutschen Theater Berlin.
	3. Mai: Christian Maske in «Der Snob» von Carl Sternheim, Regie Fritz Wisten. – 29. Mai: Worobjow in «Stürmischer Lebensabend» von Rachmaninow, Regie Gustav von Wangenheim. – 4. Oktober: Eröffnung der wiederhergestellten Kammerspiele des Deutschen Theaters mit Shaws «Kapitän Brassbounds Bekehrung». – 22. Dezember: Ödipus in «König Ödipus» von Sophokles, Regie Karlheinz Stroux. – Die Ehe mit Marianne Hoppe wird geschieden.
1947	3. April: «Der Schatten» von Jewgenij Schwarz (DE). – 10. Juni: Marquis von Keith in «Der Marquis von Keith» von Frank Wedekind.
1947–1955	Generalintendant der Städtischen Bühnen Düsseldorf (Oper, Operette, Ballett, Schauspiel).
	15. September: Ödipus in «König Ödipus» von Sophokles, Regie Karlheinz Stroux. – 16. September: «Die Hochzeit des Figaro» von Mozart. – 7. November: Orest in «Die Fliegen» von Sartre.
1948	13. April: Trigorin in «Die Möwe» von Tschechow. – 20. Mai, Oper: Antonio in «Die Banditen» von Offenbach. – 19. Oktober: Christian Maske in «Der Snob» von Carl Sternheim.
1949	14. Januar: Torquato Tasso in «Torquato Tasso» von Goethe. – 13. April: Mephisto in «Faust» I von Goethe. – Im September auf dem Edinburgh-Festival mit «Faust» I. – 22. Dezember: Hamlet in «Hamlet» von Shakespeare, Regie Ulrich Erfurth. – Adoptiert den Regisseur Peter Gorski.
1950	10. Februar: «Der Familientag» von T. S. Eliot (DE). – 19. September: Josef K. in «Der Prozeß» von Kafka, Inszenierung gemeinsam mit Ulrich Erfurth. – 9. Dezember: Sir Henry Harvourt-Reilly in «Die Cocktail Party» von T. S. Eliot.
1951	Geschäftsführer der neugegründeten Schauspiel-GmbH (Land NRW, Stadt Düsseldorf, Gesellschaft der Freunde des Schauspielhauses, DGB).
	13. September: Eröffnung des neuen Schauspielhauses an der Jahnstraße mit Schillers «Die Räuber» (Regie und Franz Moor). – September: Auf den Berliner Festwochen mit «Cocktail Party».
1952	20. April: «Heinrich IV.» von Pirandello (Regie und Titelrolle). – 18. Oktober: Kardinal Zampi in «Bacchus» von Jean Cocteau (DE).
1953	12. September: Wallenstein in «Wallensteins Tod» von Schiller. – 29. November: General Ramsay in «Herrenhaus» von Thomas Wolfe (U).

147

1954	15. September: «Der Privatsekretär» von T. S. Eliot.
1955	15. Januar: Ruppert Forster in «Marschlied» von John Whiting (DE). – 23. April: «Der Drachenthron» von Wolfgang Hildesheimer (U). (Ab Spielzeit 1955/56 Generalintendant des Deutschen Schauspielhauses Hamburg.) 1. September: Wallenstein in «Wallensteins Tod» von Schiller, Regie Ulrich Erfurth.
1956	26. April: «Thomas Chatterton» von Hans Henny Jahnn (U).
1957	21. April: Mephisto in «Faust» I von Goethe. – 29. September: Archie Rice in «Der Entertainer» von John Osborne (DE), Regie Heinz Hilpert.
1958	17. Februar, Mailänder Scala: «Orpheus und Eurydike» von Gluck. – 9. Mai: Mephisto in «Faust» II von Goethe. – 1. August, Salzburger Festspiele: «Don Carlos» von Verdi.
1959	30. April: «Die heilige Johanna der Schlachthöfe» von Brecht (U). – 4. September: Cäsar in «Cäsar und Cleopatra» von Shaw. – 21. November: «Sappho» von Lawrence Durrell. – 2.–22. Dezember: Gastspiel in Moskau und Leningrad mit «Faust» I, «Der zerbrochene Krug» und Szenen aus «Wallensteins Tod».
1960	21. Mai: Kandaules in «Gyges und sein Ring» von Hebbel. – 21. Oktober: Prospero in «Der Sturm» von Shakespeare, Regie Gustav Rudolf Sellner. – Die erste Filmrolle nach dem Krieg: Lord Bolingbroke in Scribes «Das Glas Wasser», Regie Helmut Käutner.
1961	Verfilmung der Inszenierung von «Faust» I. – 22. November: «Actis» von Lawrence Durrell (U). – 7.–19. Februar: Gastspiel in New York mit «Faust» I.
1962	9. Mai: Albert Heink in «Das Konzert» von Hermann Bahr. – 20. November: Philipp II. in «Don Carlos» von Schiller.
1963	14. April: «Hamlet» von Shakespeare, in der Titelrolle Maximilian Schell. Ende der Intendantentätigkeit. Tritt im September eine Weltreise an. Stirbt in der Nacht vom 6. zum 7. Oktober in Manila (Philippinen).

Zeugnisse

Gottfried Benn
... ich las den Roman von Kl.[aus] M.[ann]. Gestern abend und heut nacht, große Partien. Er ist faustdick Schlüsselroman, alle Personen sind sofort zu erkennen: Johst, die Bergner, Pamela W.[edekind], die die zweite Hauptperson ist, die G.[ustaf] G.[ründgens] heiratet. Ich komme auch vor, wenigstens soll ich es wohl sein. Geistig alles sehr schwach, kritisch resultatlos –, 1926 das ganze. G. G. ist ja für niemanden von uns ein «Mephisto», sondern nur ein ganz routinierter Schauspieler und sicher tadelloser Intendant; eine dämonische Person ist er ja keineswegs. Und eigentlich ist das Buch mehr eine bewundernde Ovation als eine Vernichtung, die es doch sein soll.

Brief an Ellinor Büller-Klinkowström, 7. Februar 1937

Klaus Mann
Er [Gründgens] litt an seiner Eitelkeit wie an einer Wunde. Es war diese fieberhafte, passionierte Gefallsucht, die seinem Wesen den Schwung, den Auftrieb gab, an der er sich aber auch buchstäblich zu verzehren schien. Wie tief muß der Inferioritätskomplex sein, der sich in einem solchen Feuerwerk von Charme kompensieren will! Welche Beunruhigung, welch gequältes Mißtrauen versteckt sich hinter dieser exaltierten Munterkeit! Wer seiner selbst sicher wäre, gäbe wohl nicht so an. Wer sich auch nur von einem Menschen wirklich geliebt wüßte, hätte es kaum nötig, ständig zu verführen.

«Der Wendepunkt». 1942

Carl J. Burckhardt
... So flog ich weiter nach Hamburg und hatte dort Gelegenheit, einer ganz ungewöhnlichen «Faust»-Aufführung beizuwohnen. Gründgens' Mephisto werde ich nicht mehr vergessen; diese Figur war mir immer zu rational, zu sehr voltairisch, durch den großen Interpreten erhielt sie ganz andere und sehr unheimliche Dimensionen. Die tänzerische Behendigkeit und Schnellkraft des mit mimischen Einfällen geladenen Sechzigers, der Reichtum seiner Ausdrucksskala, sind erstaunlich.

Aus einem Brief vom 7. Juni 1957 an den Bundespräsidenten Prof.
Theodor Heuss

Boris Pasternak

Und nun, was bleibt mir Ihnen zu sagen, Schöpfer und Anreger all dieser Herrlichkeit, ein Teil von jener Kraft, die stets das Böse will und stets das Gute schafft? Ich kann mir Sie schon nicht im Alltagsumlaufe, demaskiert, der Rolle entkleidet, vorstellen, großartiger Gründgens, so voll haben Sie das Nichtexistierende, das Erdachte verstofflicht und mir aufgedrängt. Ihre Sätze und Sprünge vom Spöttischen zum Schauderhaften, vom Launenhaften zum raubtierisch-vampyrischen Beutewittern!!

Ich danke Ihnen und in Ihrer Person der ganzen Truppe für all das Wahre und Große, das Sie alle mich sehen und empfinden ließen.

Brief an Gründgens nach dem Gastspiel mit «Faust» I in Moskau,
16. Dezember 1959

Ullrich Haupt

Das Theater war sein Element, in dem er sich mit der Grazie und Selbstverständlichkeit eines Delphins im Wasser bewegte. Alles Geschwätz war ihm zuwider; er war ein Profi, dem der Amateur suspekt ist. Er besaß ein nicht erlernbares Wissen auch um Dinge, die außerhalb seines persönlichen Erlebnisbereiches lagen. Vor allem aber war er zutiefst durchdrungen von einem Sendungsbewußtsein, an dem er wie unter Zentnerlast trug; nichts am Theater war ihm Spiel; alles Spielerische seiner Erscheinung, die spielerische Leichtigkeit, mit der ihm fast alles gelang, konnte nur den oberflächlichen Beobachter täuschen; wer ihn wie ich kannte, weiß, daß nur der hundertprozentige, pausenlose Einsatz all seiner Kräfte – unter Aufopferung allen privaten Lebens – das möglich machte, was wir von seiner Arbeit kennen.

Gesprochen bei der Trauerfeier am 20. Oktober 1963 im Deutschen
Schauspielhaus Hamburg im Namen der Schauspieler

Hans H. Biermann-Ratjen

Sein Intellekt, sein Kunstverstand waren außerordentlich. Von verschwommenen Gefühlen, unklaren Eingebungen hielt er nichts. Aber seine Faust-Interpretation hätte niemals ihre weltgültige Höhe erreicht ohne die Schärfe und Prägnanz, mit der er das Goethesche Gigantenwerk bewältigt hatte. Der Text allein war ihm ausschlaggebend, er nannte das «Partitur lesen». Zauberkunststücke von Regisseuren, die ihre persönliche Note hinzuzugeben versuchten, verachtete er gründlich. Man erzählt von Toscanini, er habe vor einem widerspenstigen Orchester die Beethoven-Partitur in die Luft geschwenkt und gerufen: «Spielen Sie Beethoven!» Diese fanatische Werkgerechtigkeit war auch Gründgens' Sache. Er wollte den Dichter gespielt sehen, sonst nichts.

Gesprochen bei der Trauerfeier am 20. Oktober 1963 im Deutschen
Schauspielhaus Hamburg im Namen der Kulturbehörde der Freien
und Hansestadt Hamburg

Adolf Arndt

Gustaf Gründgens machte Theater zu einer Zeit, da im Welttheater Mörder im geraubten Pomp sich den Thron angemaßt hatten ... Das war in einem hintergründigen Doppelsinn Gründgens' Widerspruch: hinter so vielen Masken niemandes Antlitz zu sein, sondern zwischen allen Spiegeln, mit denen er sich umgab, das eigene Gesicht nie zu verlieren. Dieses seiltänzerische Spiel über dem Abgrund jener Zeit, war lebendiges Wagnis, war Wirklichkeit der Leistung und verlieh eine zauberische Macht, um vor dem Zugriff der Mörder, deren Augen geblendet wurden, den gequälten Menschen, die von Verfolgung bedroht waren, das Menschenmögliche an Schutz und Hilfe zuteil werden zu lassen. Aus diesem Grund muß es heißen: Gründgens' große Jahre sind nicht in der Finsternis jener Zeiten untergegangen; Gründgens' große Jahre in Berlin waren nicht durch jene Zeit groß, sondern entgegen einer bösen Zeit gut, weil seine Tage nicht nach der Uhr jener Zeiten abliefen, sondern Gegenstunden waren, die im Musischen das Menschliche retteten.

Gesprochen 1963 als Senator für Wissenschaft und Kunst auf der
Trauerfeier in Berlin

Marcel Reich-Ranicki

Gründgens sollte in der Gestalt des Höfgen als ein Mann erscheinen, dem es zwar an Witz und Brillanz nicht mangelt, der jedoch skrupellos opportunistisch und gemein ist. In der Tat teilt uns Klaus Mann dies oft mit. Aber was immer er seinem Höfgen vorzuwerfen hat – von der krankhaften Eitelkeit bis zur totalen Charakterlosigkeit –, er vergegenwärtigt stets einen leidenden Menschen, er zeigt, im deutlichen Gegensatz zu der Konzeption des Romans, eine schillernde Persönlichkeit, die Charme mit Intelligenz zu verbinden weiß und Extravaganzen mit harter, zielbewußter künstlerischer Arbeit. Dieser Höfgen ist ein urwüchsiger Komödiant und doch ein souveräner Taktiker, ein Getriebener und doch ein kühl Planender ... Trotz allem ist der «Mephisto» ein niemals langweiliges, ein heute noch anregendes und lebendiges Buch. Doch will es mir scheinen, als lebte es in einem höheren Maße von der Faszination, die Jahrzehnte hindurch von der Persönlichkeit des Gustaf Gründgens ausging, als von der erzählenden Kunst seines einstigen Freundes Klaus Mann. Wer weiß, ob dies nicht noch ein Triumph des großen Schauspielers ist. Der hintergründigste vielleicht.

«Mephisto, Roman einer Karriere». In: «Nachprüfung. Aufsätze über
deutsche Schriftsteller von gestern». 1966

Bibliographie

1. Reden und Aufsätze von Gustaf Gründgens, Bildbände

Ein Treuloser bekennt sich zu Berlin. In: Theaterstadt Berlin. Ein Almanach. Hg. von HERBERT JHERING. Berlin 1948
Wirklichkeit des Theaters. Frankfurt a. M. 1953
Schiller und die moderne Bühne. In: Akzente 2 (1955)
CLAUSEN, ROSEMARIE: Schrift und Maske. Hamburg 1958
Faust (Bilder der Hamburger Aufführung von ROSEMARIE CLAUSEN). Frankfurt a. M. 1959
CLAUSEN, ROSEMARIE: Faust in Bildern. Braunschweig 1960
CLAUSEN, ROSEMARIE, und GÜNTHER PENZOLDT: Theater. Gustaf Gründgens inszeniert. Hamburg 1960
Nachspiel auf dem Theater. Für Gustaf Gründgens. Reden und Texte der Gedenkfeier am 20. Oktober 1963 im Deutschen Schauspielhaus Hamburg. Hamburg 1963
Gründgens – 12 Fotos von ROSEMARIE CLAUSEN. Velber bei Hannover 1963
Jürgen Fehling. Rede zur Feier des 75. Geburtstags von Jürgen Fehling. Hg. von ROLF BADENHAUSEN. Köln 1964
Briefe, Aufsätze, Reden. Hg. von ROLF BADENHAUSEN und PETER GRÜNDGENS-GORSKI. Hamburg 1967 – Neuausg.: München 1970 (dtv 694)

2. Publikationen über Gustaf Gründgens

AMÉRY, JEAN: Karrieren und Köpfe. Zürich 1955
BADENHAUSEN, ROLF: Gustaf Gründgens. In: Neue Deutsche Biographie 7/1966. Hg. von der Historischen Kommission bei der Bayerischen Akademie der Wissenschaften
BECKMANN, HEINZ: Nach dem Spiel – Theaterkritiken 1950–1962. München–Wien 1963
BIEDRZYNSKI, RICHARD: Schauspieler, Regisseure, Intendanten. Heidelberg–Berlin–Leipzig 1942
DAIBER, HANS: Deutsches Theater seit 1945. Stuttgart 1976
DREWS, WOLFGANG: Theater. München 1961
ERPENBECK, FRITZ: Lebendiges Theater. Berlin 1949
FECHTER, PAUL: Gustaf Gründgens als Hamlet – Brief von Gustaf Gründgens an

Von Geld ist die Rede, von wem noch?

«Ich bin Wiener von Geburt»...

...schrieb der Mann, und örtlich betrachtet stimmte es. Aber er war Ungar von Nationalität, wegen der Herkunft seines Vaters, der neun Tage vor der Geburt seines Sohnes Konkurs anmelden mußte. Spät im Leben, als er, nach einem nicht nur an Ruhm reichen Leben, im amerikanischen Exil darbte, erinnerte der Mann sich seiner Jugend: «Ich bin schon einmal durch die Martern der plötzlichen Verarmung in meinem Elternhaus gegangen, die unvergleichlich viel schlimmer ist als Armut. Aber ich begann bald darauf meine Bühnenlaufbahn.»

Damals hatten Schauspieler einen Fundus an Kostümen für ihr Repertoire noch selbst zu stellen. Und so klagte der junge Mime aus Salzburg: «So mußte ich mir allein an Fußbekleidungen schon für die erste Comödie griechische Sandalen zu F 4.–, für Stuart Sammtschuhe F 3.50, für modernes Lust- und Schauspiel Lackschuhe für F 7.50 u. Lackstulpen F 2.50 anschaffen. Für Wallensteins Tod hätte ich gelbe Ritterstiefel gebraucht, die mindestens F 12.– gekostet hätten.»

Dann kam er nach Berlin, der Stätte seiner ersten und nachhaltigsten Triumphe. Zunächst aber lebte und genoß er à la Bohème: «Wären wir nicht so gemeine Lumpen und hätten wir nach gutbürgerlicher Art auch Bargeld erspart...» Bald aber konnte er, dank großmütiger Geldgeberinnen und Geldgeber, die Pläne für eigene Theater verwirklichen und war schließlich als Inhaber eines Zweieinhalb-Millionen-Objektes im Handelsregister eingetragen. Aber dann kam 1933. Der Weltberühmte ging ins Exil. Von wem war die Rede?

(Alphabetische Lösung: 18-5-9-14-8-1-18-4-20)

Pfandbrief und Kommunalobligation

Meistgekaufte deutsche Wertpapiere - hoher Zinsertrag - schon ab 100 DM bei allen Banken und Sparkassen

Verbriefte Sicherheit

Paul Fechter. In: Shakespeare-Jahrbuch Bd. 77. Weimar 1941

Große Zeit des deutschen Theaters. Gütersloh 1950

FIRNER, WALTER, und OSKAR BIE: Wir von der Oper. München 1932

FIRNER, WALTER, und HERBERT JHERING: Wir und das Theater – Ein Schauspieler-
bildbuch. München 1932

FLICKENSCHILDT, ELISABETH: Kind mit roten Haaren. Hamburg 1971

JACOBS, MONTY: Deutsche Schauspielkunst – Zeugnisse zur Bühnengeschichte der
Klassiker-Rollen. Berlin 1954

JHERING, HERBERT: Von Josef Kainz bis Paula Wessely – Schauspieler von gestern
und heute. Heidelberg–Berlin–Leipzig 1942

Regie. Berlin 1943

Auf der Suche nach Deutschland – Die Sendung des Theaters. Berlin 1952

Von Reinhardt bis Brecht – Vier Jahrzehnte Theater und Film. Bd. 3: 1930–
1932. Berlin 1961

Von Reinhardt bis Brecht – Eine Auswahl der Theaterkritiken 1909–1932. Reinbek 1967 (RP. 55)

JHERING, HERBERT, und HUGO FETTING: Ernst Busch. Berlin 1965

KAISER, JOACHIM: Kleines Theatertagebuch. Reinbek 1965 (RP. 44)

KARSCH, WALTHER: Wort und Spiel – Aus der Chronik eines Theaterkritikers
1945–1962. Berlin 1962

KONSTANTIN, PRINZ VON BAYERN: Die großen Namen. München 1956

KÜHLKEN, EDDA: Die Klassiker-Inszenierungen von Gustaf Gründgens. Meisenheim am Glan 1972

LUFT, FRIEDRICH: Gustaf Gründgens. Berlin 1958

Berliner Theater 1945–1961. Hannover 1961

MANN, KLAUS: Mephisto. Amsterdam 1936 – Neuausg.: Reinbek 1981 (rororo.
4821)

Der Wendepunkt. Frankfurt a. M. 1953 – Neuausg.: Frankfurt a. M. 1963

MELCHINGER, SIEGFRIED: Modernes Welttheater. Bremen 1956

Faust für uns. In: GUSTAF GRÜNDGENS, Faust. Frankfurt a. M. 1959

MELCHINGER, SIEGFRIED, und ROSEMARIE CLAUSEN: Schauspieler. Velber b. Hannover 1964

MELCHINGER, SIEGFRIED, und HENNING RISCHBIETER: Welttheater – Bühnen,
Autoren, Inszenierungen. Braunschweig 1962

MÜHR, ALFRED: Gustaf Gründgens – Aus dem Tagewerk eines Schauspielers. Berlin 1943

Großes Theater – Begegnungen mit Gustaf Gründgens. Berlin 1952

Rund um den Gendarmenmarkt – Von Iffland bis Gründgens. Oldenburg 1965

Mephisto ohne Maske – Gustaf Gründgens, Legende und Wahrheit. München–
Wien 1981

NASO, ECKART VON: Ich liebe das Leben. Hamburg 1955

RAMIN, ROLF: Gustaf Gründgens – Bildnis eines Künstlers. Berlin 1933

RIESS, CURT: Das gab's nur einmal. Hamburg 1956

Gustaf Gründgens – Eine Biographie. Hamburg 1965

Theaterdämmerung oder Das Klo auf der Bühne. Hamburg 1970

RILLA, PAUL: Theaterkritiken. Berlin 1978

RISCHBIETER, HENNING (Hg.): Gründgens – Schauspieler, Regisseur, Theaterleiter. Velber b. Hannover 1963

Gründgens unter den Nazis. In: Theater heute 4 (1981)

RÜHLE, GÜNTHER: Theater für die Republik 1917–1933 im Spiegel der Kritik.

Frankfurt a. M. 1967

RUPPEL, KARL-HEINZ: Berliner Schauspiel 1936–1942. Berlin 1943
  Großes Berliner Theater. Velber b. Hannover 1962

SCHULZE VELLINGHAUSEN, ALBERT: Theaterkritik 1952–1960. Velber b. Hannover 1961

SCHWAB-FELISCH, HANS: Das Düsseldorfer Schauspielhaus. Düsseldorf–Wien 1970

SPANGENBERG, EBERHARD: Karriere eines Romans – Mephisto, Klaus Mann und Gustaf Gründgens. München 1982

STEIN/GROHMANN: Deutsche Porträts. Stuttgart 1961

VIELHABER, GERD, und LISELOTTE STRELOW: Gründgens – Sieben Jahre Düsseldorf. Honnef 1954

Die wichtigsten Schallplatten

Bahr: Das Konzert. Deutsche Grammophon Gesellschaft 43060
Eliot: Die Cocktail-Party. Eine Hörfassung. DGG 43073
Goethe: Faust I, Gesamtaufnahme. DGG 43021/23
Faust I, Die große Szene, DGG F 806
Faust II, Gesamtaufnahme. DGG 43040/43042 – 168040/42
Shakespeare: Hamlet. DGG 4365/67 – 168065/67
Gustaf Gründgens: Ein Porträt. Electrola E 83566
Gustaf Gründgens: Geburtstagsrede für Jürgen Fehling. TSC 13428

Namenregister

*Die kursiv gesetzten Zahlen bezeichnen die Abbildungen,
Sternchen verweisen auf die Fußnoten*

Adenauer, Konrad 120
Albers, Hans 25, 26, 110
Alberti, Max 15, 17
Alexander, Curt 36
Alpar, Gitta 36
Ambesser, Axel von (Axel Eugen von Österreich)
106
Andersen, Hans Christian 111
Apel, Paul 81
Arent, Benno von 75

Bach, Johann Sebastian 88
Badenhausen, Rolf 115 f; Anm. 2
Bahr, Hermann 38, 135
Ballhaus *24*
Balzac, Honoré de 122
Barlog, Boleslav 118
Barrault, Jean-Louis 116
Baumann, Hans 86
Baurichter, Kurt 127
Beaumarchais, Pierre-Augustin Caron de 53
Beer-Hofmann, Richard 29
Beethoven, Ludwig van 52
Benedix, Roderich 24
Benn, Gottfried 98, 100; Anm. 89, 92
Benrath, Martin 125
Bergner, Elisabeth 10, 24, 129
Bildt, Paul 41, 46, 61, 102, 108
Binder, Sybille 116
Blech, Leo 31
Boetticher, Hermann von 39
Böhm, Herta 115
Borgelt, Hans 106; Anm. 104, 112, 114
Bormann, Martin 103
Brahms, Johannes 31
Bräuer, Hermann *20*
Braumüller, Wolf 52
Brecht, Bertolt 8, 19, 29, 32, 75, 81, 93, 119 f, 125,
129, 132
Bredel, Willi 93
Bruckner, Ferdinand (Theodor Tagger) 26, 88
Büchner, Georg 19, 23, 28, 124
Busch, Ernst 91 f, 106, *29, 92*

Calderón de la Barca, Pedro 124
Caspar, Horst 105, 116
Cavour, Conte Camillo Benso 86
Cocteau, Jean 30, 125

Dalí y Pubol, Salvador Marques de 7
Denk, Paula 116, 124
Dorsch, Käthe 32, 8, 46, 56, 59, 73, 94, 109, 110, *56, 82*

Drache, Heinz 111, 116
Dumas fils, Alexandre 56
Dumont, Louise 14, 32, 96, 127
Dunskus, Erich 46
Durrell, Lawrence 10, 129, 135
Dürrenmatt, Friedrich 132
Dymschitz, Alexander 111

Ebermeyer, Erich 61; Anm. 64
Eckard, Max 116, 125, 129, 131
Eiermann, Egon 86
Eliot, Thomas Stearns 118, 119, 127, *128*
Engel, Erich 29, 75, 89, 106
Erfurth, Ulrich 116, 129, 132
Esser, Peter 125
Ettlinger, Karl 41, 46

Fabricius, Dr. Anm. 97
Faulkner, William 122
Fechter, Paul 59
Fehling, Jürgen 29, 38, 47 f, 52, 65, 66, 67 f, 83, 89,
94, 122, *67*
Fehring 87
Felner, Karl von 35
Fetting, Hugo Anm. 82
Fiedler, Werner 112
Finck, Werner 106
Fischer, Sebastian 129, 131
Flickenschildt, Elisabeth 94, 106, 115, 116, 122, 129,
131, 132, 133 f, 137; Anm. 136; *124*
Florath, Albert 46, 59
Fontane, Theodor 79, 91
Forbach, Moje 31
Forster, Rudolf 75
Forzano, Giovacchino 39, 85
Franck, Walter 48
Friedrich II. der Große, König von Preußen 39
Friedrichsen, Uwe 131
Fry, Christopher 124
Fuchs, Klaus 128
Fulda, Ludwig 12
Furtwängler, Wilhelm 52, 79

George, Heinrich (Georg Heinrich Schulz) 72, 73,
100
Gerron, Kurt *29*
Giampietro, Joseph 34
Gide, André 9, 116
Giesen, Franz 101
Giraudoux, Jean 125
Gliese, Rochus 52, 75, 82, 94, 96
Goebbels, Joseph 38 f, 43, 44, 75, 79, 87, 100, 103, *74*

155

Goethe, Johann Wolfgang von 10, 29, 33, 34, 37, 52, 97, 103, 116, 130, 131, 137
Goetz, Curt 129
Gold, Käthe 46, 48, 52, 72, 82, 94, 96, 116, 125, *33, 83*
Goldoni, Carlo 137
Göring, Emmy 38, 46, 73, *39, 40*
Göring, Hermann 37f, 42f, 44, 45, 46, 48, 52, 67, 73, 75, 76, 79f, 85, 86, 87, 91, 100f, 103, 104, 120, *40, 73*
Göring, Oberleutnant 101
Gorski, Peter s. u. Peter Gründgens-Gorski
Gorvin, Joana Maria 129, 135
Grabbe, Christian Dietrich 75, 83
Graf, Otto 56
Gründgens, Emmy *13, 15, 123*
Gründgens, Marita *13, 14, 15*
Gründgens-Gorski, Peter 85*, 104, 105, 116, 137; Anm. 2; *133*

Haack, Käthe 53
Hadank, Günther 46
Harich, Wolfgang 112
Hartmann, Paul 45, 48, 52, 56, 95, 116
Hasse, Clemens 46
Hatheyer, Heidemarie 129
Haupt, Ullrich 129
Hauptmann, Gerhart 15
Hebbel, Friedrich 53, 129
Henckels, Paul 41, 46, 105, 116
Hesse, Otto Ernst 48
Heuss, Theodor 120, 127, *121*
Heydrich, Reinhard 85
Hildebrand, Hilde 32
Hilpert, Heinz 26, 29, 74f, 94
Himmler, Heinrich 43, 66, 103
Hinz, Werner 135
Hiob, Hanne 129, 132
Hitler, Adolf 36, 43, 52, 76, 79, 104
Höfer, Werner 18; Anm. 26
Hoffmann, Ernst Theodor Amadeus 51
Höflich, Lucie 26
Hofmannsthal, Hugo von 25
Hoppe, Marianne 9, 46, 53, 56, 79, 91, 94, 100, 105, 115, 116, 129, 137, *78, 82, 114*
Horwitz, Mirjam 18, 25, 40
Huth, Jochen 51

Ibert, Jacques 31
Ibsen, Henrik 15

Jacobi, Johannes 121, 125
Jahnn, Hans Henny 19, 28, 128
Jannings, Emil 87
Jarosy, Carlheinz 36
Jessner, Leopold 29, 37, 43, 45
Jhering, Herbert 23f, 34, 35, 37, 47, 54, 61, 65, 79, 81, 107, 119; Anm. 24, 36, 43, 82, 96, 126, 128
Johst, Hanns 37, 38f, 43, 46, 53, 75, 81
Jugo, Jenny 89, *88*
Jünger, Ernst 45

Kafka, Franz 116
Kainz, Josef 34
Kaiser, Georg 19
Kaiser, Joachim 136
Karajan, Herbert von 60
Karsch, Walther 112, 119, 129; Anm. 113, 125, 147
Kästner, Erich 106
Käutner, Helmut 91, 94

Kayßler, Friedrich 48, 52, 56
Klabund (Alfred Henschke) 19
Kleist, Heinrich von 137
Klemperer, Otto 30, 31
Klokow, Till *29*
Klöpfer, Eugen 45, 48
Knuth, Gustav 46, 59, 94, 116
Koppenhöfer, Maria 48
Körner, Hermine 45, 48, 52, 56, 73, 103, *82*
Kortner, Fritz 116, 120, 124
Kossleck, Martin *24*
Kowa, Viktor de 46, 91
Krauß, Werner 24, 34f, 46, 48, 59, 68, 70, 71, 86, 116, *69*
Krüger, Wilhelm 46
Kuh, Anton 25
Kühlken, Edda 21; Anm. 14, 50, 56, 65, 97, 153
Künneke, Eduard 32
Kurth, Otto 73

Langhans, Erich s. u. Erich Zacharias-Langhans
Langhoff, Wolfgang 109, 110
Laubenthal, Hannsgeorg 46
Lauckner, Rolf 17
Lauf, Carl 21
Legal, Ernst 43
Lehmann, Lilli 31
Lessing, Gotthold Ephraim 56
Liebeneiner, Wolfgang 94, 101
Liebmann, Ida 36
Lindemann, Gustav 14, 32, 35f, 96, 127
Lingen, Theo 46, 53, 81
Loja, Maria *20*
Lüders, Günther 116, 137
Luft, Friedrich 112, 131
Luther, Martin 38

Mallwitz, Karlheinz Anm. 95
Manet, Édouard 56
Mann, Erika 9, 23f, 85*, *22, 24*
Mann, Klaus 10, 21, 22, 23, 84, 85*; Anm. 22; *22, 24*
Mann, Thomas 9, 23, 79; Anm. 74, 75
Manstaedt, Otto *41*
Marks, Eduard 131
Maupassant, Guy de 56
Mauss, Hanns 80
Mauss, Frau 80
Melchinger, Siegfried 136
Milhaud, Darius 31
Miller, Henry 122
Minetti, Bernhard 48, 56
Moissi, Alexander 10, 65, 80
Mosjakow, Iwan 110
Mozart, Wolfgang Amadé 31, 122
Mühr, Alfred 44f, 56, 59, 86, 100, 101; Anm. 33, 47, 49, 57, 62, 63, 69, 71, 85, 146, 156
Müller, Gerda 115
Müller, Traugott 53, 70, 75, 88
Mussolini, Benito 39, 85
Müthel, Lothar (Lothar Lütcke) 33f, 94, 97, 125

Napoleon I., Kaiser der Franzosen 39
Naso, Eckart von 44, 86
Neher, Caspar 75, 131
Neumann, Günter 110

Oelze, F. W. 98; Anm. 92
Offenbach, Jacques 24, 30, 31
Ophüls, Max 89

Osborne, John 131
Otto, Teo 130

Pagnol, Marcel 58
Paquet, Alfons 23
Parry, Lee 29
Pasternak, Boris 132
Patry, Albert 37, 43
Penzoldt, Günther 129
Pirandello, Luigi 124, 125
Piscator, Erwin 23, 29, 45, 92
Plonen 101
Popp, Theodor 112
Pringsheim, Klaus 23
Proust, Marcel 122

Quadflieg, Will 129, 131, 130

Rachmaninow, Leonid 108
Räder, Gustav 24
Raimund, Ferdinand (Ferdinand Raimann) 124
Ravel, Maurice 31
Rehberg, Hans 59, 121, 124, 125 f
Reincke, Heinz 129, 137
Reinhardt, Max (Max Goldmann) 25, 26, 29, 30, 66, 75, 104
Reuter, Ernst 116 f
Richthofen, Oswald Freiherr von 101
Riess, Curt Anm. 73, 94, 100, 135, 158
Rischbieter, Henning Anm. 152
Röhm, Ernst 75, 76
Rolland, Romain 23
Rosenberg, Alfred 66, 79, 80
Rotter, Alfred 32
Rotter, Fritz 32
Rühle, Günther Anm. 38, 59
Rühmann, Heinz 46, 91, 94
Ruppel, Karl-Keinz 70; Anm. 70, 88

Sartre, Jean-Paul 115
Schäfer, E. G. Anm. 109
Schalla, Hans 116
Schell, Maximilian 129, 135
Schiller, Friedrich 102, 103, 127, 135, 137
Schinkel, Karl Friedrich 74
Schlegel, August Wilhelm 68; Anm. 1
Schlösser, Rainer 67, 103
Schmeling, Max 34
Schmidt, Peer 116
Schmidt, Willi 75, 125
Schmidt, Regierungsrat 101
Schmitt, Saladin 7
Schneider, Sigmar 111
Schomberg, Hermann 132, 135, 130
Schönberg, Anton 31
Schubert, Franz 31
Schuberth, Clemens 17
Schuh, Oscar Fritz 136; Anm. 149
Schumann, Robert 31
Schütte, Ernst 75
Schütz, Werner 125
Schwannecke, Ellen 20
Schwarz, Hans 46
Schwarz, Jewgenij L. 110, 111, 119
Scribe, Eugène 47
Shakespeare, William 7, 28, 48, 53, 65, 67, 68, 94, 103, 137; Anm. 1

Shaw, George Bernard 19, 21, 72, 89, 94, 109, 125, 133
Sonnemann, Emmy s. u. Emmy Göring
Sophokles 109
Steinhoff, Hans 87, 90
Sterne, Laurence 122
Sternheim, Carl 19, 28, 107, 108
Sternheim, Thea 23
Stiebner, Hans 52, 20
Strelow, Liselotte Anm. 120, 124, 127
Strindberg, August 19, 28, 85, 135
Stroux, Karlheinz 94, 109, 115

Talleyrand-Périgord, Charles-Maurice de, Prince de Bénévent 9
Tarrach, Walter 46, 68
Tauber, Richard 32
Thimig, Helene 25, 29
Tietjen, Heinz 10, 32, 39 f, 76
Toller, Ernst 19, 23
Tolstoj, Leo N. 122
Toulouse-Lautrec, Henri de 56
Trutz, Wolf 41, 46
Trotzki, Leo (Lejb Bronštejn) 9
Trowe, Gisela 111
Tschaikowsky, Peter I. 122
Tschechow, Anton P. 110, 116
Türke, Unteroffizier 101

Ulbrich, Franz 37, 39, 43, 46
Utermann, Utz 137

Verdi, Giuseppe 32, 56
Verhoeven, Paul 106
Vielhaber, Gerd 115, 118, 119; Anm. 120, 124, 127
Völker, Klaus Anm. 5, 129

Wangenheim, Gustav von 23, 30, 106, 108, 109
Wäscher, Aribert 53, 59, 94, 105
Weber, Franz 46, 53
Wedekind, Frank 19, 23, 28, 57, 107, 112
Wedekind, Pamela 23, 57, 100, 106, 22, 24
Wedekind, Tilly 98
Wegener, Paul 24, 73, 103 f, 105, 108
Weisgerber, Antje 116, 129, 131, 133, 137
Werfel, Franz 19
Werner, Walter 46
Wernicke, Otto 106
Whiting, John 127
Wieman, Mathias 86
Wilde, Oscar 9
Wilhelm II., Deutscher Kaiser 44
Williams, Tennessee 120, 132
Winzenried, Michael 134, 137
Wisten, Fritz 107
Wohlbrück, Adolf 116, 124
Wolfe, Thomas 125
Wulf, Joseph Anm. 78

Zacharias-Langhans, Erich 11, 83, 85
Zemlinsky, Alexander von 31
Ziegel, Erich 18, 19, 21, 25, 40 f, 116
Zimmermann, Eva 29
Znamenaczek, Wolfgang 97
Zuckmayer, Carl 128

Über den Autor

Heinrich Goertz wurde in Duisburg geboren. 1932 erste Veröffentlichung im «Querschnitt». Ab 1938 freier Mitarbeiter des Feuilletons der «Kölnischen Zeitung» und anderer Blätter. 1942 Veröffentlichung des Romans «Johannes Geisterseher» mit 70 eigenen Zeichnungen. Nach Kriegsende Dramaturg und Regisseur an Ost-Berliner Theatern. 1965/66 Chefdramaturg des West-Berliner Theaters der Freien Volksbühne, Intendant Erwin Piscator. 1967 bis 1970 Chefdramaturg des Staatsschauspiels Hannover. Schrieb Stücke, Erzählungen, die Hörspiele «Jack the Ripper» und «Mord in der Joachimstaler», die Rowohlt-Monographien «Erwin Piscator» und «Hieronymus Bosch». Im Herbst 1982 erschien der autobiographische Roman «Lachen und Heulen», in dem auch Gustaf Gründgens eine Rolle spielt.

Quellennachweis der Abbildungen

Ullstein-Bilderdienst, Berlin: 6, 22, 38, 40, 69, 71, 73, 74, 82, 83
Aus: Curt Riess, Gustaf Gründgens, Hamburg 1965: 13, 19, 20 unten, 21, 27, 60, 78, 132
Aus: Gustaf Gründgens, Eine Dokumentation des Dumont-Lindemann-Archivs, München/Wien 1979: 14, 15, 16 oben und unten, 17, 18, 20 oben, 24, 28, 29, 35, 98, 126, 138
Aus: Alfred Mühr, Gustaf Gründgens, Hamburg 1943: 33, 41, 49, 56, 62, 66, 74, 90
Aus: Gustaf Gründgens, Briefe, Aufsätze, Reden, Hamburg 1968: 39, 64 unten, 99
Aus: Theater heute, 1981, Heft 4: 50, 51
Aus: Spielplan des Staatstheaters Berlin 1937/1938: 54, 55
Aus: Alfred Mühr, Mephisto ohne Maske, München/Wien 1981: 58, 89, 121, 133
Dumont-Lindemann-Archiv, Theatermuseum Düsseldorf: 64 oben
Foto: Liselotte Strelow: 117, 124
Aus: Großes Berliner Theater, Hannover o. J.: 84
Aus: Herbert Jhering/Hugo Fetting, Ernst Busch, Berlin 1965: 92
Aus: Komödiantisches Theater, Berlin 1957: 106
Foto: Rosemarie Clausen: 42, 47, 63, 67, 95, 97, 114, 128, 130, 134